Um Amor Criminoso que indica curio

Sonia Nogueira

Um Amor Criminoso que indica curiosidade, quem matou o que ou quem?

O amor em todas as suas dimensões e de todas as suas formas

JustFiction Edition

Imprint
Any brand names and product names mentioned in this book are subject to trademark, brand or patent protection and are trademarks or registered trademarks of their respective holders. The use of brand names, product names, common names, trade names, product descriptions etc. even without a particular marking in this work is in no way to be construed to mean that such names may be regarded as unrestricted in respect of trademark and brand protection legislation and could thus be used by anyone.

Cover image: www.ingimage.com

Publisher:
JustFiction! Edition
is a trademark of
International Book Market Service Ltd., member of OmniScriptum Publishing Group
17 Meldrum Street, Beau Bassin 71504, Mauritius

Printed at: see last page
ISBN: 978-613-9-42525-9

Sofie

Um Amor Criminoso

Sonia Nogueira

Sofie

Um Amor Criminoso

As palavras têm uma força tão poderosa
que, diante de um bom sofisma precisamos de
excelente raciocínio lógico e perspicaz.

Gratidão

Aos leitores e amigos, que partilham comigo da

justiça e da paz entre os homens

Agradeço a Deus pelo dom da sabedoria ao discernirmos
o bem do mal.

Sofie

Um amor Criminoso

Resumo da novela.

Sofie

Um Amor Criminoso

Labirinto é o mundo aonde vivemos. Encontrar a porta de saída é missão para os sábios. A vida não é fácil, o mundo gira sem parar, a ciência tomou rumo inesperado, a tecnologia avançou de modo surpreendente. Acabou-se o isolamento dos povos em seu habitat, cidade ou país, basta um voo, um clique e as palavras nos amordaçam de modo convincente ou distorcidas.

Amores a distância é rotineiro em nossos dias, com enganos e desenganos. Não culpemos o modernismo, a liberdade exagerada, ou ainda o ciberespaço, pelos momentos culposos às nossas decepções.

No contato presencial há histórias iguais, desencontros, escolhas erradas, desonestidade, **falsidade ideológica.**

Eis o verme da questão: crime por falsidade ideológica. Alguém usar a foto de um belo homem, um Major General do exército americano, para conquistar mulheres nas redes sociais. Na América, com certeza seria punido.

Mas nada aconteceu de ofensa nas correspondências. Foram 15 cartas respeitosas, carinhosas, em elogiar, admirar, e afirmar com argumentos, que encontrou a mulher ideal. Um estrategista do amor. Usei pseudônimo na novela. Qualquer história igual é mera coincidência.

N.B. Assim criei a novela, não quero averiguação da vida desse senhor. Nada aconteceu que me prejudicasse, apenas o prazer de ler suas cartas tão agradáveis. Quero apenas alertar as mulheres para que tenham maior atenção nas correspondências com desconhecidos.

Breve Comentário

O santo Facebook. Santo e demônio, isso sim. O mundo alojou-se ali, onde todos são aparentemente iguais. Cuide-se, quem puder. É MÃE, daquelas que recebe todos os filhos com braços abertos. Todos são iguais. Não há diferença entre raça, credo, poder financeiro ou aparência física. Para adotar esses filhos, basta registrar-se com quatro itens simples. Pesquisa não é necessária. O livre arbítrio é seu lema: - Entra filho, a casa é tua. A casa tem espaço ilimitado, o abraço é igual para todos com a mesma intensidade. Presta só atenção: todos estão convocados ao cargo de Conselho Fiscal. Aí a justiça aperta tua conduta, e eu, tua mãe, abro as portas. Também sou lei.

Os filhos do mundo estão aqui. É uma mini terra. A liberdade do uso da palavra, essa força universal, é livre. Somos, aliás, todos iguais com suas diferenças. Aqui temos: pessoas honestas, vindas do berço; desonestas, por natureza; falsas, verdadeiras, mentirosas, doentes, saudáveis, amigos, inimigos, profissões variadas, corruptos, pessoas que usam foto e história da vida de outra pessoa, e descobrimos de imediato. O tio Google abre todas as páginas para pesquisa, um rico e justo PAI, com um cabedal de informações fantásticas. É a maior biblioteca virtual de grande prestígio que a tecnologia registra.

Essa narração é verídica, os personagens fictícios. Qualquer semelhança é mera coincidência. São fatos atuais com uma linguagem que acompanha os hábitos culturais da época em que vivemos. Abrange quase todos os países que participam das redes sociais.

Somos desse modo, todos irmãos na escuridão, com o olho aberto em cada esquina, ao dobrar a rua, atravessar a avenida e receber em sua página um estranho amigo virtual. Bom se nós fossemos todos verdadeiros e confiáveis. O Mundo teria PAZ.

Quando a narrativa é desenvolvida na atualidade, a linguagem acompanha os hábitos culturais contemporâneos de um determinado local.

Sofie I

Solicitação de amizade.

19 DE JULHO DE 2016 08:47

Hello My dearest Sofie, how are you doing? Thank you for accepting my request. I'll love to be your good friend. 19 DE JULHO DE 2016 08:47

- A Sofie é amiga de muitos anos. Ela é assim: verdadeira, confiável, honesta. Não aceita problemas na sua vida. Foge. Pacata, discreta, meiga, responsável, estudiosa, amiga. Para que desarrumar sua vida com desconhecidos? Dizia: aceitar amizade de um estrangeiro? Jamais. Confiar em estranhos é o mesmo que está defronte de um quarto com as portas fechadas. Uma voz do outro lado, descrevendo objetos de valor, sem atinarmos o lugar aonde se encontram qual a direção e o que contém no mistério das palavras. Podia arrombar a porta, e ao presenciar os fatos, o pavor do inesperado ou alegria surpreendente. Resistiu dois dias. Afirmou que já havia recusado alguns pedidos de amizade escritas em inglês. Por que aceitar esse? O fato de escrever noutra língua não lhe diz nada. Poderia ser de qualquer país, até do Brasil, de um vizinho, dos amigos de encontros literários.

Há também o tio Google que traduz em todas as línguas. Quanto às fotos, como saber da veracidade em uma página sem amigos? Eu, sim, sou verdadeira, comentava Sofie.

Não posso inventar nome e profissões uma vez que metade dos amigos me conhece, ou são conhecidos dos familiares, ou amigos dos amigos nas redes sociais.

- Desde menina Sofie foi discreta e reservada. Órfão de mãe em tenra idade sentiu vazio em todos os momentos de sua existência. O pai foi sua mãe incontestável, mas o amor materno é raiz que se aprofunda e nada pode apagar das entranhas: o DNA.

- Não vai aceitar amiga Sofie? Uma aventura é boa pedida. Contanto que os pés permaneçam no chão e a cabeça no lugar

Não, resisti, amiga Solange. Traduzi a mensagem

19 DE JULHO DE 2016 08:47

Olá Minha querida Sofie, como você está fazendo? Obrigado por aceitar meu pedido. Eu vou te amar para ser seu bom amigo.
R – Obrigada, amigo virtual. 20 DE JULHO DE 2016 14:58.

- Ela deu uma resposta curta e evasiva para não alongar o diálogo. Conversas longas geram amizades, criam laços, afirmava. Com a decisão de não continuidade, leu o retorno. Uma quase carta.

Sofie II

21 DE JULHO DE 2016 17:30.

Olá Minha querida Sofhie, como você está fazendo? Minha querida, eu sabia que o Inglês não é sua língua, mas não se preocupe tudo bem eu posso escrever para você na sua língua com a ajuda de tradutor, porque eu gosto de comunicar com você. Estou feliz que você aceitou meu pedido de amizade que é uma indicação de que você é meu tipo de pessoa que não proíbe fazer novos amigos razoáveis, espero que você não vai se importar sabemos mais uns aos outros? Meu nome é Tim R. D. eu sou um cidadão americano e também um soldado, mas eu viver e trabalhar no Afeganistão aqui no Médio Oriente, no momento, esperamos para ler de você logo e cuidar de si mesmo. Vou dizer-lhe mais sobre mim na minha próxima mensagem. Eu tenho muitos dos meus experiências de vida para compartilhar com você.

*****

- Sofie entrou no seu confessionário. Um soldado americano, no Afeganistão, no Oriente Médio! Pensou. Sempre nutri admiração pelos defensores da pátria, (apesar de haver os traidores do exercício). Mas após o acidente de moto com uma pessoa muito querida da família, com acontecimento fatal, o olhar procura se desviar nessa vestimenta ou foto que lembre a fatalidade.
- Um soldado americano!!!!!. Não se iluda não, Sofhie. Imagine como, um soldado americano em guerra, com a missão de matar, morrer ou defender uma

nação, vai te encontrar aqui no Brasil, no Facebook, local de relacionamentos, onde milhares de pessoas postam mentiras, verdades, falsas fotos.

-Tenho consciência disso amiga Solange. Já postaram uma página, no Facebook, com meus dados e fotos e faziam propaganda de produtos. Avisei aos amigos, pedi aos organizadores da empresa para eliminar a página. O mundo se encontra ali, naquela caixa de computador, (processador eletrônico) tablet, iPad, e por aí se vai adotando bons e maus, com todos os defeitos e entre boas e más intenções a tecnologia toma espaço gigantesco na vida das pessoas.... Essa tecnologia, nós não sabemos se é pai ou padrasto, mas encurtou o mundo com um clique, aproxima amigos distantes, (encontrei amigas da faculdade de longos anos) conversa com filhos ausentes, recebe notícias, expande a literatura além-fronteiras. A quantidade de blogs, sites, grupos de relacionamentos, pesquisas incalculáveis, vendas, propagandas confiáveis e outros perigosos. A juventude amadureceu com um pulo, uma mão que navega nas teclas, um olhar para conhecimento, outro para perdição. Igualzinho ao mundo. O mundo se alojou nessa grande descoberta. Já criou raízes.

*****

- Vai Sofhie. Gostas tanto de escrever. Execute-a com o pensamento voltado na ficção. Pés no chão, teclado na mão, e cabeça no lugar.

É... Eu vou. Amo escrever e adoro ler. Aprendi aos cinco anos com a tia Mariet. Meu pai se enchia de orgulho, e para impressioná-lo diante do elogio recebido ao lê breve leitura. Eu lia todos os dias, cordel, revista em quadrinhos e tudo que os olhos alcançassem. Então virou hábito, vício, quase.

- Não se apaixone pelo invisível. É mais uma etapa de sua história, menina. Firme-se nessa ideia. Comentou Solange.

- Confirmou.- É tão bom lê cartas, e melhor ainda responder, sem contar com a expectativa de cada escrita. Vou me aventurar.

Sofie
24 DE JULHO DE 2016 18:12 V

R - Oi, amigo Tim.... Eu sou educadora, aposentada e agora me dedico à literatura. Abs.

- Breve resposta. Nada disse. Expor-me para um virtual? Falar o que? Diálogo aproxima as pessoas, cria laços, descobre um pouco do caráter. Sem contar com as pseudos verdades ocultas nas palavras.

- Eu lembro amiga, dos bilhetes que recebias no início da adolescência. Atônita tu ficavas. Com um pai atento e irmãos vigilantes.
- Ah, se lembro! A escrita me persegue e faço dela meu travesseiro. O primeiro bilhete eu respondi com muito cuidado, para não o ofender, porém romântico. Fui assim desde menina. Lia muito cordel de amor. Não simpatizava com o menino Lúcio, amigo dos meus irmãos,

- **Lucio** - Preciso falar com você às seis horas, na casa da Rosinha, estou apaixonado. Assim escreveu.

Sofhie - Caro amigo Lúcio,

A hora que recebi seu bilhetinho, o sol estava lento, fugindo bem devagar para emprestar escuridão à noite. Agradeço de coração, mas não posso ir. Sou muito nova e meu pai e irmãos podem saber. Espere até eu crescer.

Lúcio juntou-se com uma namorada, nunca casou nem teve filhos, esperou a vida toda por seu amor.

Aos doze anos, outro apaixonado:

Elmo - Passo o dia pensando em você. Só me caso com você.

Sofie - Estimado amigo, Elmo,

Li sua frase à noite. Olhei para as estrelas, muitas, tantas, e não entendi nada das coisas do mundo, nem do amor. Estou estudando, só quando terminar é que pensarei em namoro, casamento. Meu pai pensa em se mudar para a cidade grande, e nunca mais te verei.

Este foi a para cidade grande, aos 18 anos, juntou-se com uma costureira de 31 anos, teve dois filhos, aparecia sempre com palavras carinhosas, esperando pelo seu amor.

Roberto, com 26 anos era, noivo com uma vizinha de 18 anos, mas perseguia a menina Sofie com 14.

Roberto - É só me dar o sim, deixarei minha noiva e vou embora com você.

Sofie - Estimado amigo Roberto,

Entendi seu cochicho ao meu ouvido na calçada da minha avó. Era noite sem estrelas, no entanto, a lua clareou minha mente. Fiquei muito surpresa. Nunca faria isso com minha vizinha e amiga. Faz quatro anos que você a namora, usa aliança, e me procura? Quem me garante que não fará o mesmo comigo? Agradeço seu interesse por mim, esqueça-me. Case-se e seja feliz.

Um ano depois casou.

Manoel era um espetáculo de homem aos 18 anos. Servia o tiro de guerra. Por esse, o coração balançou um pouco, nos encontramos duas ou três vezes.

Manoel - Fui à sua casa, falei da minha paixão pela bela mocinha. Seu pai me escorraçou e chamou-me de atrevido.

Sofie -- Estimado Manoel,

Soube da sua ida à casa de meus pais e também a grosseria dele com você. Entenda. São cuidados de pai pela filha única e zelo por seu futuro. Fiquei orgulhosa de você e por me sentir amada. Sonhei pela primeira vez. Quem sabe eu amolecerei o coração dele, pois o amo muito. Sinto-me amada e protegida, sabedora que escolherá o melhor para mim.

Não o queira mal, ele é pai bom, digno, honesto, justo, responsável, e para mim, procuro pessoa assim, o contrário serei a mais infeliz das mulheres.

Perderam o contato. Soube que casara com uma moça feia e nunca esqueceu Sofie. Passou rápido o interesse, apenas um relâmpago que se esvaiu ao terminar o clarão. Coração é bobo, ri com um olhar, murcha na neblina.

Na cidade grande, o encontro com um conterrâneo acelerou o coração. Paixão à primeira vista. Três encontros e ausência sem aviso prévio. Abalou o coração. O destino levou-a, em uma tarde, a uma mercearia.

- Café, e pão quentinho, seu Saulo. Pediu a amiga.

- Você **Saulo**?

A menina quase despenca da pose de menina amada. O mundo girou, coração acelerou. Nunca a vida lhe foi tão inútil, aos 18 anos. Soube pela prima que embuchara uma jovem menor com 14 anos, sendo obrigado por lei, a casar. Saulo tentou convencer Sofie a viajar para longe, casariam no religioso. Pedido negado. Após trinta anos, subiu para outro plano. Deixou com o primo estas palavras:

Meu amor, meu pensamento em ti era diário, a infelicidade era permanente. Não passou um dia sequer que o meu pensamento não fosse inteiro só teu. Fui o homem mais infeliz na face da terra, pela tua amada ausência.

A carta que não foi.

- Meu amado Saulo

Conhecer-te foi a melhor e pior fatalidade da minha vida. Os sonhos surgiram tão rápidos e a decepção mais rápido ainda. Não cabe, na minha compreensão humana, avaliar um amor entre duas pessoas e traição de forma tão primária e insensata. Não conheço a grandiosidade do perdão, menos ainda subtrair o pai de uma criança, destruir um lar, e ficar em paz com a consciência.

É tanta desilusão que o mundo perdeu o colorido, a vida não encontra significado, as forças fragilizaram-se. Só a escrita ocupa esta lacuna. Sei que passará, mas no momento, o coração confessa, e derrama na palavra a dor deitada no papel. Conheces a palavra NUNCA? Pois então, NUNCA mais ouse pensar em mim!

O tempo apaga tudo, mas a cicatriz ficou tão oculta que o coração abriu uma fresta. O sol brilhou noutro olhar, a paixão novamente invadiu seu coração aos 29 anos. Sofie se apaixonou por Leonel, homem estudado, de pouca conversa e sério. Desta vez, acertou. Acertou não. Todo homem é infiel. Tinha uma amante, com um bucho antes de conhecê-la. Nem quis conversa, nem sofrimento. Tirou a poeira, apagou o fato e deu adeus. O registro ficou.

*- Oi **Leonel**!*

Pensei que os iguais se encontrariam. Engano. Igual a mim só eu mesmo. Aliás, cada pessoa é diferente, única. Vemos pela digital. Perdê-lo não foi grande

13

coisa. Viver com alguém que nos torna infeliz é a maior das desventuras. A vida deu-me grandes lições. Nada mais fará cicatriz, no meu coração. Não precisamos de outros para sermos felizes. A felicidade encontra-se dentro de nós. O outro é o outro. Basta aceitá-lo tal qual sua natureza. Não adotando esta falácia, despeço-me sem saudade. Seja feliz com seus conceitos e preferências que não se coadunam com os meus. Vemo-nos por aí. O mundo é pequeno.

- Sofie dedicou-se ao estudo, ao trabalho. Umas paqueras aqui, outros olhares acolá, sem o sabor ou firmeza na decisão. Tudo soava tão inútil, corriqueiro que passava por entra os dedos com folga, sem apego ou crença.

- Agora os conquistadores da net. Cuidado Sofie. Todo cuidado é pouco. Há muita fera vestida de cordeiro.

- E eu não sei amiga! Vou remando o barco até aonde a correnteza não apresentar funil para emborcá-lo. Tenho salva-vidas, não me afogarei. Garanto. Ficarei com um pé lá e outro cá. Um olhar na letra e outro no horizonte.

Sofie III

25 DE JULHO DE 2016 09:23

Olá Minha querida Sofie, como você está fazendo? Muito obrigado pela sua resposta e É um prazer tê-lo como meu amigo. Sabendo o outro é um processo gradual e aqui estão algumas coisas que eu acho que você deve saber sobre mim, eu sou um cidadão americano e também um soldado antes que eu estava servindo no exército americano, mas agora estou levando uma tropa no Afeganistão aqui em médio oriente, também serviu nas forças armadas da 3ª Divisão de Infantaria em Iraque e eu já estar em serviço por 5 anos agora.

Adoro conhecer pessoas, ler, viajar também!! e também partilha de ideias e eu também se preocupam com a natureza, o ser humano, o amor artes, meio ambiente, cultura social, etc. Eu sou 58 anos de idade e eu perdi a minha mulher há 4 anos e meu esposa tem uma criança para mim antes de sua morte, atualmente, o meu filho está sendo cuidando de pelo governo americano em uma escola militar. Meu nome completo é Major General Tim... R. D., American National e ainda estou no Afeganistão, mas vou voltar para o meu país este ano qualquer momento a partir de agora. Tão bom ter você como meu amigo e orar para que o Senhor Todo-Poderoso vai nos ajudar a ter uma amizade mútua que vai lucrar nossos filhos e netos no futuro Amen !!!! Por favor me diga mais sobre sua família e sua formação e trabalho na sua próxima resposta que eu estou tendo um sentimento especial para você. Estou esperando por sua próxima resposta. Deus te abençoê!!!!!!!

*****

- Viu , Sofie? Um texto respeitoso, carinhoso.

É amiga Solange. O texto conserva-se na íntegra. Não posso modificar nem corrigir algo que outro escreveu. Religioso até. Pensei: quem está com Deus, nada poderá fazer de mal ao outro. Deus castiga. A colheita vem depois. Ele ama a natureza, as artes, a cultura, o social. Ele está plantando. Colherei, caso haja frutos saborosos. Apodrecendo enviarei ao destinatário em bandeja a safra. Gostei. Responderei. Nada me custa escrever para alguém, tão suave.

Até que me prove o contrário responderei todas as suas missivas.

26 de julho de 2016 terça 16:08
R - Querido amigo Tim... Agradeço pelo interesse por nossa amizade virtual. Mas não devemos nos impressionar por uma foto. Realmente sou eu que estou aí, porém, a máquina não revela nossa idade. Você ainda é jovem, 58 anos. Eu tenho mais idade do que você. Você precisa de uma jovem mulher para procriar e lhe dar filhos.

Eu perdi minha mãe com tenra idade. E meu pai também subiu para outro plano há algum tempo, meus irmãos casaram. Nunca casei, sempre senti dificuldade em apaixonar-me, por esperar alguém com o caráter do meu pai. Fiz duas graduações e duas pós-graduações. Sou professora aposentada e agora me dedico à literatura. Viajo com grupos de escritores, sempre que possível. Frequento academias literárias, já publiquei alguns livros, ganhei alguns troféus e medalhas e vou seguindo, com a graça de Deus. Seja feliz com a graça de Deus.

- Saiu-se bem amiga. Resposta simples sem maiores detalhes.
- Eu também tinha que impressioná-lo, amiga Solange. Não sou umazinha qualquer. Estudei. É bom que saiba. É bom ser amada, respeitada. Então, viu os planos? Já pensando no futuro, nas primeiras linhas. Filhos netos, estratégia para conquistar as mulheres. Subentende casamento, lar, um cara bem-intencionado. Os conquistadores apelam com frases que impressionam o lado oposto a fim fisgar a presa.

- Alerta Sofie, o andor vai muito rápido, daqui a pouco um tropeço em uma pedra, e o santo cai.
- Pois então, amiga. Tu bem sabes o quanto gosto de escrever, mesmo com minha singeleza. Palavras retiradas do dicionário, das quais não temos

familiaridade, não me impressionam, nem tão pouco me atrai. Gosto da leitura universal onde todos entendem o que leem.

- Sofie? Você já fez uma pesquisa sobre seu general? O Titio Google responde tudo, ou quase tudo, desde que o produto esteja registrado.

- E eu durmo no ponto, amiga! Abri a página de pesquisa digitei o nome completo do meu soldado desconhecido. Encontrei dois generais com farda bordada, medalhas, dois senhores tendo muita idade. No Facebook, mais cinco pessoas cadastradas com o mesmo nome. Aí pensei... Quantas Sofies existem com os mesmos nomes nos sites de relacionamentos? Vou caminhado, amiga e escrevendo. Eis que chega outra missiva.

Sofhie IV

27 de julho de 2016 quarta 06:36

Olá Minha querida Sofie, como você está fazendo? *Meu querido, obrigado por sua resposta e por me dizer mais sobre você e eu realmente aprecio você e eu quero que você saiba que a idade não será problema em nosso relacionamento e eu gostaria de dizer-lhe tudo sobre mim e minhas experiências de vida, porque eu acho que tem tempo suficiente para escrever para você aqui no facebook agora.*

Bem Meu querido, eu te agradeço muito por sua gentil e cuidado, você realmente me fez sentir a vida de novo, eu sempre quis ter alguém para conversar, compartilhar meus sentimentos com e mais especialmente na minha situação aqui no Oriente Médio, Let I aproveitar esta oportunidade para deixar cair algumas linhas da minha história e acredito que vou obter algumas palavras de incentivos de você, eu passei a maior parte da minha vida vivendo como um militar desde a minha infância, meu pai falecido Capitão Don... J. O. soldado morreu, eu assisti a minha escola e na faculdade, tanto na cidade de Nova York, depois da minha formatura de Mercy college New York.

Mais tarde, mudar para o Texas, onde eu comecei a minha prática em tempo integral e como um soldado a tempo inteiro, desde então, tenho sido constante e estável no meu dever, e sempre foi recomendado por meus superiores para realizar a maioria das avaliações, eu nunca por um dia opôs, eu gostava de meu serviço como um exército, até a morte de meu pai, morreu no campo de batalha, tensão e medo governa a minha família e minha mãe ficou tão assustado e me queria demitir-se do exército, eu entendo minhas mães sentindo, ela não gostaria de perder seu único filho, mas eu sempre fui um homem de fé, eu tenho sentimentos quando algo quer dar errado, eu de novo eu ia ser bem sucedido e terá a vitória no final de o dia, eu consegui convencer a minha mãe e a fez entender por que eu deveria seguir em frente com a minha Carrie, mais tarde foi enviado para o Canadá para a formação de nove meses, voltei de volta ao Texas com a minha nova namorada encontrado é quem a mãe do meu filho e conhecer minha mãe em uma condição ruim, me senti muito mal e eu estava de apresentar a minha namorada para ela para minha esposa encontrou um novo, o teste mais tarde foi levada a cabo e que se descobriu que tinha câncer, a cirurgia foi realizada 4 dias após meu casamento, mas não foi um sucesso, este foi como eu perdi meus pais, Deus e minha esposa se tornou a única família que eu tinha até o meu filho cam para o mundo, minha esposa morreu em um acidente Dada a motor após o nascimento para o meu filho, eu não gosto de contar esta história, porque isso me deixa triste e confundir, mas eu tenho que lhe dizer, porque eu me sinto tão livre e seguro com você e acredito que a nossa amizade vai levar-nos a um nível maior. Eu tenho um filho que ele é apenas 12 anos de idade seu nome é F., e ele está cuidando de pelo governo dos EUA. Eu sei que ele me perder muito e eu realmente sentia falta dele também, eu logo estará completamente com meu dever aqui no Oriente Médio e ir para trazê-lo de perto de mim e desta vez eu não vou mantê-lo fora da minha vista novamente, eu tenho um plano muito grande para ele, quero investir para ele para fins de futuro, muito obrigado por ser solidária, todos em torno de você será tão orgulhoso de você, eu estou feliz em tê-lo como um amigo, espero e acredito que posso sempre confiar em você para o meu amigo, mais uma vez, obrigado. Eu tenho que ir agora, cuidar de si mesmo, eu espero ouvir de você em breve seguinte, Obrigado e permanecem abençoado, eu sinto muito por minha longa mensagem.

*****

- Linda carta, não é Sofie? É bem confidente, abriu sua história de vida para uma desconhecida, dá o que pensar.

- Linda carta, amiga.Solange   A sensibilidade comoveu-me. Está observando à escrita? Uma tradução, mostrando frases sem a coesão correto do português. No entanto ele poderá ser brasileiro, traduzir em inglês depois em português. Deixa para lá. Eu queria, com todas as minhas forças, que essa história fosse realmente sua história. Que homem bom, dedicado à profissão. Um paizão. Seu filho, seu maior tesouro. O futuro para ele será o melhor possível. Mostrou-se um bom pai, bom filho, certamente bom marido. O sonho de toda mulher. Mas eu sou cético mesmo. Ele seria um bom escritor, onde a ficção é uso constante ao correr da pena! Ou, de quem seria esta história tão fantástica? Vou caminhando.

Até que me prove o contrário responderei todas as suas missivas.

27/07/2016 -QUA 09:24

R- Bom dia, querido Tim.... A vida é boa ou má dependendo do nosso modo de pensar, da família que temos e de um bom relacionamento entre casais. As profissões são todas de nossa escolha e necessárias ao progresso da nação. Exercemos bem quando agimos com responsabilidade e gostamos do que fazemos. Mas apesar dos militares serem os defensores da pátria, eu tenho restrições quanto a esse trabalho árduo e perigoso. Preparar alguém para matar, defender ou morrer deixa-me apreensiva.

Tive um parente, cabo do serviço militar que faleceu com 39 anos em acidente de moto. Faz dois anos, mas a dor continua aqui guardada. A vida é assim com curvas perigosas, e vamos caminhando até aonde o tempo nos conduzir.

A melhor maneira de vivermos bem é conviver com pessoas boas, honestas, responsáveis e que nos sintamos amados. Escreva sempre que quiser e puder. Gosto de ler e escrever. Abraço e fique com Deus, nosso protetor.

Leia meus poemas nesse blog. Há tradução em várias línguas, contanto que no seu computador tenha o aplicativo Java.com.

https://sogueira-pedacosdemim.blogspot.com

*****

Mesmo com um pé atrás, ao confiar em um desconhecido e outro na frente, na caminhada, agradava-me muito ler essa aventura, para mim fantástica. Parece uma história verdadeira com tantos detalhes. Mas sei que os estrategistas do amor argumentam de maneira veemente a fim de serem acreditados. Os estudiosos, em verdades e mentiras, afirmam que, ao serem indagados: - por que devo acreditar em você? Por que falo a verdade, responde a pessoa com a verdade, o mentiroso usa de muitos argumentos para convencer a mentira.

- Aí Sofie, você continua com um belo romance virtual! Observo sua ansiedade na espera da correspondência. Está visível.

- Ao abrir o computador, amiga Solange, é a primeira ação, esperando o carinho e respeito com que sou tratada. Todo ser humano é carente de amor, ternura, atenção e qualquer bom sedutor que entenda de mulheres sabe fazê-lo com requinte. Gosto dessa ficção.

É tão bom lê-lo, que mesmo sem saber do seu caráter, escreveria durante meses, anos, sem tomar consciência de sua real história. Sabemos que, desde sua origem o homem é um caçador e pescador de mulheres. Nada há que mude essa condição tão inerente ao macho. Na mesma situação a mulher sente-se envaidecida pela conquista, por ser amada, desejada, notada, com respeito.

Mais uma carta, para meu contentamento. Ânsia e curiosidade balançavam minha vaidade.

Sofie V

29 de julho SEX 15:31

Olá Minha querida Sofie, como você está fazendo? Eu espero que você está fazendo bem? Minha querida, obrigado assim muito para sua mensagem e por me dizer mais sobre você eu também agradecer pela bela link que você enviou para mim eu realmente aprecio você e É o meu prazer de ler de você querida e quero também pedir desculpas por atraso resposta na esperança de que você vai entender minha situação aqui na linha de dever.

Eu sei que nós compartilhar a ideologia semelhante desde o início da nossa conversa e você é uma mulher inteligente, que tenho certeza, com um bom coração de criança inocente. Eu sou um tipo de homem que gosta de ver as pessoas sorrirem e se divertir e jogar! Estou descida, romântico pessoa, otimista e bem-sucedido na minha profissão e, acima de tudo eu tenho um grande coração cheio de amor que eu quero dar à minha pessoa especial, acreditando que eu **encontrei essa pessoa em você.** *Eu valorizo a família e amizade e eu* **nunca deixaria as minhas pessoas próximas.**

Tento viver estilo de vida saudável, eu tento aproveitar cada momento da minha vida. Basicamente, eu só quero encontrar uma alma gêmea para compartilhar minha vida com. Eu gosto de tudo lindo - filmes, natureza e música. Gosto de passar meu tempo livre na natureza e com o meu filho. A vida é coisa excelente em todas as suas aspectos! Eu gosto de estar fora, eu gosto longa caminhada à noite, e desfrutar de conversas inteligentes. Eu amo aprendizagem que fizeram parte do meu hobby, eu viajei para muitos países da União de Países Independentes e eu gosto de aprender culturas e vidas de pessoas diferentes, visitar museus.

Gosto de ler ficção e literatura médica. Eu sinto falta de ter alguém para sair com, para fazer as coisas com, assistindo a um filme em casa, comer um jantar romântico, indo para eventos especiais / concertos / Jogos / etc, viajar para onde queremos ir, enroscando-se uns com os outros , falando sobre o nosso dia, etc. Você sabe, todos os prazeres simples da vida são melhor compartilhado com alguém especial. Em relação a meu dever, é um agitado, mas eu gosto de salvar vidas ou trabalho humanitário que é uma razão estou curtindo a carreira. Cuidar de si mesmo e meus cumprimentos à sua família. Deus os abençoe com boa saúde, obrigado, beijos e abraço.

*****

- Que homem bom, amiga Sofie. Igual a esse é difícil conseguir. Estou catando um, nessa multidão de enganos e desenganos...

- Viu amiga Solange? Dá para não amar um homem dessa categoria! Nossos gostos são iguais. Talvez acompanhe a minha vida literária no Facebook, Recanto das Letras, Luso Poemas, links que posto no Facebook, e optou pelos meus quereres. Filme, natureza, música, literatura, passeios, concertos, os prazeres simples da vida partilhado com alguém.

Ora, as grandes conquistas, os grandes amores, nos reportam aos romances com final feliz, sem esquecer os trágicos. Como Romeu e Julieta. O Diário de uma Paixão, para evitar qualquer aproximação, os pais de Alie a mandam para longe. Por um ano, Noah escreveu para Allie todos os dias, mas não obteve resposta, pois a mãe dela interceptava as cartas de Noah para a filha. Dr. Zhivago, filme de 1965, baseado no livro/romance de Boris Pasternak. Conta estória do jovem médico aristocrata Yuri Zhivago, casado com Tonya e seu eterno amor pela enfermeira e costureira Lara Antipova, em meio a Revolução Russa de 1917.

E o Vento Levou? Outro romance fantástico que abalou corações na tela do cinema.

Não pense que é só nos livros de romance ou nas telas de cinema que o amor se mostra arrebatador, sofrível. Não. Estas histórias foram retiradas da vida real. "Tanto a arte imita a vida como a vida imita a arte". O coração que ama não escolhe raça, credo ou poder financeiro. Ele palpita, anseia, deseja amor verdadeiro e correspondido com toda dimensão, a fim de compartilhar inteira sua emoção. Por essa singela razão, eu adoro receber suas cartas, saborear suas

23

palavras, mesmo sabendo que podem ser mentiras. Quem não deseja ser amada, com tantos afagos e elogios!

Até que me prove o contrário responderei todas as suas missivas.

29 de julho de 2016 SEX 19:40

R– Boa noite, estimado Tim.... Meu primeiro nome é Sofie. É porque no Facebook inverti o sobrenome primeiro. Para ser única. Não se preocupe em custar a me responder. Esse mês o nosso grupo de literatos estava de férias, mas segunda-feira, dia 1 de agosto, voltará às atividades culturais três vezes por semana.

Faço também um trabalho em uma Instituição, sendo voluntária. Gravo CDs de livros para os deficientes visuais, ouvir e não ficarem à margem da cultura. Gosto de lê seus textos, sobre apego â família. Tive um pai que o amava muito, e me ensinou o respeito, fraternidade, honestidade, justiça, fidelidade, herança essa que culto a cada dia.

Ele era um homem justo e nos deu uma educação que muito me orgulha. Admiro também o seu modo de lazer. Gosto de cinema, natureza, música, leitura, passear. E nada mais agradável do que fazer isso com alguém que a gente gosta e se dar bem. Qual a cidade do Afeganistão que você se encontra? Seu filho não está aí, creio. Ah, você já comentou. Desejo pela felicidade dele. Não tenho filhos. Qual sua religião?

Sábado, amanhã, nós iremos os artistas plásticos, para um Shopping. Haverá exposição de quadros. Tem duas telas minha com óleo em tela. Posto um pouco da minha vida literária no Facebook., e no Recanto das Letras. Meu penúltimo livro é de contos de ficção. Não costumo ficar no computador à noite, me tira o sono. Estava agora porque precisava terminar um conto para enviar a uma coletânea em outro estado. Boa noite. Grande abraço. Pensarei em você...

*****

- Uma carta bem familiar, amiga, Sofie. Parece que se conhecem há anos. Quando ao terminar o labor do dia, os casais descrevem as mais variadas ações do cotidiano para seu amor ao regressar par o lar. Lindo.
- É... As famílias não conversam mais. Cada pessoa da casa com o pensamento voltado para a tecnologia. Todos. Crianças, pais, avós, amigos. O

24

diálogo sucumbiu. Jogaram para o fundo do baú e parece que o progresso não terá mais retrocesso. As máquinas tomaram o trono e seu reinado não mais cairá. Não haverá mais batalhões de soldados que defenda esse território, e sim acelerar suas tropas para a expansão da tecnologia ruborizada. O mundo corre com tal aceleração que muitas vezes não o acompanhamos.

Procuro escrever assuntos rotineiros com o intuito de que ele fale de sua rotina, porém, não acontece. Ele se atém ao trabalho e aos elogios em mim. Costume de americano. Se é americano.

Sofhie VI

Mais uma carta para meu contentamento

31 de julho de 2016 DOM 18:12

Olá Minha querida Sofhie, como você está fazendo? Minha querida, Obrigado por suas palavras de esperança e você é tão carinhoso honestamente, eu me sinto ótimo senso de amor e preocupação desde o início da nossa comunicação e algo me diz que temos razão para atender cada um no futuro.

Eu sou um homem disciplina como se tivesse mencionado acima, mas a minha maior surpresa é como você chegou a este conhecimento de mim desde que temos apenas se conheciam apenas por um tempo e este indicou-me que me fez i **não podem trabalhar ou fazer qualquer coisa sem pensar em você** *e você é uma mulher muito inteligente que eu sabia e eu sinto o nosso encontro não é uma coincidência, porque nós compartilhamos grandes semelhanças, eu era o único filho de minha mãe e eu não tenho nenhum irmão ou irmã, mas eu tenho o meu confiar em Deus e ele fez um homem bem sucedido na minha vida.*

Minha maior felicidade hoje é que eu tenho uma mulher como você, que tem vindo a melhorar a situação do meu coração preocupações. Presumo que a minha amiga, irmã, um amigo, uma alma gêmea, uma esposa, um confidente e ombro magro porque você tem todas as qualidades que um homem podia desejar de uma mulher. Pode parecer muito rápido, mas quando reboque pessoas que carregam a mesma mentalidade e ideologia conecta uns aos outros, a química vai fluir como a luz partidas. Eu tenho respeito ao seu país, porque é um país turístico muito tranquila com um bom tempo e um dos melhores do país. embora eu nunca tenha chegado lá antes, mas eu sei como é um grande país com grandes pessoas, peço-lhe para ficar forte e eu vou ficar na brecha para você. Tenha um dia proveitoso e noite e eu espero para ler de você novamente. Abraço e beijos

*****

-Tão carinhoso, não é Sofie! Um homem bondoso e analisa todas as suas qualidades através dos textos!

- Então amiga, quisera eu dizer dele, todas essas qualidades, que as palavras escritas descrevem. Às vezes, com as pessoas as quais convivemos nos decepcionamos devido à complexidade de cada ser. Imagine uma pessoa que se diz, tão distante, podermos conceituá-lo através de uma carta. As palavras, porém, é do meu agrado e me deixam visivelmente envaidecida. Imaginar alguém perfeito é utópico, querer encontrar essa outra metade é fantasia. Mas sonhar é bom, faz bem, massageia nosso juízo e nos traz felicidade.

Melhorar, cuidar do coração dele diante das suas preocupações é de extrema responsabilidade. O outro almeja sempre que o seu par o faça feliz. Já ouvi depoimento de pessoas, em conviver 60 anos e no final da jornada confessar: você é e será o amor da minha vida. Romântico e emocionante. Mas existe. Hoje, creio, que a juventude liberta dos ideais e trabalho, não sustenta um relacionamento por tantos anos. A mulher, antes, escrava do lar, voo mais alto. Não suporta infidelidade do marido ou maus tratos. Sem deixar de citar que na convivência, as oportunidades oferecem olhares conquistadores, correspondência virtual, das mais avançadas possíveis e impossíveis. O grande mundo na nossa imaginação encurtou apenas com um clique. Enganar-se com o outro é fato, em qualquer relacionamento, quer na realidade ou no virtual. A melhor faze é do namoro. Com o passar das estações, as palavras murcham, as flores caem e com a nova primavera nem sempre voltam com o furor da primeira. Violam as promessas. O coração, coitado, necessita de adubo a cada estação.

Até que me prove o contrário responderei todas as suas missivas.

31 de julho de 2016 DOM 19:54

R–Brasil, 17:11. Boa noite meu querido Tim. Não sei como nos encontramos. Porque esse Facebook é enorme, porém as pessoas se encontram

27

assim, num clicar. Nós somos americanos. Você americano do Norte, país desenvolvido. Eu americana do Sul, país em desenvolvimento, com grandes extensões de terras férteis, população numerosa para o trabalho, muitas praias, turismo intenso, com todas as condições de se tornar desenvolvido. Mas atualmente está governado pela classe alta, deram um golpe no presidente e bilhões de dinheiro foram desviados para fora, a população é mal remunerada, a educação não é prioridade, a cultura menos ainda, a saúde em déficit. A moeda é desvalorizada em relação ao euro e ao dólar, e valorizada para o peso argentino.

Os jogos olímpicos foram escolhidos aqui para o Brasil. Serão de 07 a 21 de agosto. Cento e noventa e cinco (195) países estão aqui no Rio de Janeiro. Maiores delegações: Estados Unidos com 555, Brasil 462, Alemanha 412, França 402, e por aí se vai.

O policiamento federal está em grande quantidade nos aeroportos. É impossível controlar as fronteiras aqui, por serem muito extensas. Já prenderam seis pessoas suspeitas de terrorismo.

Quanto a nós. É a primeira vez que me correspondo com alguma pessoa desconhecida. Teve um engenheiro Irlandês, eu recusei. Um médico e outros que eu não dei atenção. E com você fiquei. Sinto a falta de sua escrita. Penso em você todos os dias. Estou tentando escrever de maneira simples para que seja compreensível ao traduzir. O idioma em Português, francês, espanhol e italiano foram originados do latim, há entre elas semelhança. Eu faço francês. O Inglês é mais complicado, eu o traduzo no https://translate.google.com.br/, que não fica muito certinho, mas serve. Eu tinha 6 irmãos que agora são 4, e tenho 14 sobrinhos, mais 6 sobrinhos, filhos dos sobrinhos. Beijos, abraço...

*****

- Cada vez mais o Tim lhe impressiona, não é mesmo amiga? Almejo pela veracidade das palavras, no entanto concordo com seus receios.

- Pois então, amiga Solange. Entre desconfianças e credibilidades, prefiro não sonhar nem desacreditar, e sim, fazer de conta que, estou escrevendo um romance de ficção, aliás, você sabe o quanto me atrai a escrita. A minha mensagem foi um diálogo informativo com o objetivo de que a resposta me convença que o meu amor virtual se pronuncie sobre atletas dos Estados Unidos, uma vez que o mesmo se diz americano. Espero que a próxima carta seja com algo que fale de sua terra natal.

Nunca havia me correspondido entes, e com ele aceitei e não sei o motivo. Talvez por curiosidade, para sair da rotina e me aventurar no desconhecido. Fui sempre muita certinha, cautelosa, real.

A carta não veio. Diante da espera por duas semanas escrevi um conto. Quem sabe era o fim do nosso relacionamento puro e virtual. Essa expressão cativava-me. PURO. Meu pai era um homem puro, bom, honesto responsável. Sonhei, sempre com um amor igual, ou melhor, parecido. Mas ninguém é igual.

No dia dos pais enviei uma singela mensagem.

14 DE AGOSTO DE 2016 DOMINGO 11:46
R -Feliz dia dos pais, que é hoje no Brasil. Flores para enfeitar seu dia.

 Não obtive sequer agradecimento.

Escrevi, então, um conto devido à longa espera.

Conto - 14/09/2016
*O Poder da Palavra

A campainha tocou. A moça se aproximou do olho biônico viu um rosto desconhecido. Hesitou em atender. Depois decidiu abrir a porta, com receio.
Hello My dearest Sofie, how are you doing? Thank you for accepting my request. I'll love to be your good friend.
Não entendo sua língua, senhor.
Ah, não falas inglês. Vou traduzir.
Olá minha querida, Sofie como você está fazendo? Obrigado por aceitar meu pedido. Eu vou te amar para ser seu bom amigo.
O senhor me conhece de onde? Neste imenso mundo, e ainda sabe o meu nome? Outros tocaram minha campainha, mas não dei tanta importância.
Eu bati na sua porta porque eu sabia que você era assim. Você acredita em destino? Pois então. Fomos predestinados um para o outro. E não podemos fugir a essa missão.

O homem nem sentou. Foi desarrumando tudo na casa e falando. Na área mudou as cadeiras de lugar, a mesa de centro deslocou para outro canto, soprou as flores do jarro. Falou seu nome completo, profissão, de onde veio, onde morava e da missão perigosa que estava a enfrentar, - e devo cumprir, eu escolhi e sou responsável pela minha escolha e decisão, mesmo contra o gosto de minha mãe.

Sofie meio confusa, ou melhor, muito confusa, não sabia que atitude tomar. Convidá-lo a se retirar, ouvir seu relato ou gritar socorro. Mas a curiosidade foi crescendo. O moço era tão respeitoso, educado. Ora sorria, ora a seriedade espalhava-se pelo semblante demonstrando imensa felicidade.

Seu nome, por favor. Ele já falara o nome, mas eu queria confundi-lo.

Tim para os amigos. Depois contarei a saga da minha história.

Dirigiu-se para a sala primeira, conjugada com a sala de jantar. Fez grande reboliço. Mudou tudo de lugar, cadeiras, mesa, quadros, estante, jarro com flores, e continuou falando: da ausência de sua mãe e do pai para outra dimensão, da esposa que também subiu, do filho distante.

A moça acompanhava todo o desenrolar da sena, ora argumentava em pensamento, ora admirava a ventura do inesperado que surgiu em sua vida. Muitas interrogações, muitas dúvidas, cismas e incertezas. Difícil confiar em um desconhecido, que se apresentava com tanta seriedade, convicção e respeito!

Nada abalava sua decisão e afirmava: gosto de sua beleza, inteligência e cultura. Tudo me encanta.

Você acredita em predestinação? Pois acredite. Fomos destinados e nada mudará essa condição que o destino nos reservou.

Eu não acredito em predestinação, pensou Sofie. Creio sim, numa força superior que une os bons aos bons e os maus aos maus.

O moço, sem pedir permissão entrou em todos os cômodos da casa, remexeu em tudo. Em um dos quartos, perguntou.

– É o seu quarto?

– Sim. Sofie não queria falar. O diálogo aproxima as pessoas, cria laços de amizade. Assim, Tim se instalaria ali, naquela hora por conta própria e querer.

Abriu o guarda-roupa, jogou as roupas no chão, afirmou que a moça deveria reformar todas as peças, jogou outras na cama, abriu à cômoda.

Continuava a falar. Quando terminar minha missão, que está próxima, estaremos juntos. Você realmente me fez sentir a vida de novo, eu sempre quis ter alguém para conversar, compartilhar meus sentimentos com alguém, e mais especialmente na minha situação aqui. Tento viver estilo de vida saudável, eu tento aproveitar cada momento da minha vida. Basicamente, eu só quero encontrar uma alma gêmea para compartilhar minha vida com. Eu gosto de tudo lindo - filmes, natureza e música e de você. Minha maior felicidade, hoje, é que eu tenho uma mulher igual a você, que tem vindo a melhorar a situação do meu coração e preocupações. Presumo que é a minha amiga, irmã, uma alma gêmea, uma esposa, um confidente e ombro amigo, porque você tem todas as qualidades que um homem podia desejar em uma mulher.

Indecisa a moça argumentou consigo dos perigos em conversar com desconhecido. Assim mesmo ficou pasma por tanto desembaraço e segurança. Chegou ao outro quarto onde havia muitos livros.

Você escreve? É professora? Gosto de escritores, professores, o educador que eu amo tanto porque a aprendizagem é o maior patrimônio de qualquer ser humano em poder adquirir.

Ao chegar à cozinha, em nada modificou. Sentiu o cheiro da comida, inspirou, não almoçou, nem ao menos uma sobremesa.

Voltou calado, ofereceu o maior dos sorrisos, depois um olhar sério de quem comanda um quartel. Sem um beijo, sem abraço ou adeus, abriu a porta e disse: cuide-se.

Ela começou a arrumar a casa e pôr as coisas no lugar, mas ainda não terminara. O reboliço foi grande e as palavras maiores ainda. A força da Palavra é tão forte que, pronunciada com a ideia de sinceridade, convence aos mais descrentes e deixa os mais perspicazes a refletir no poder de sedução.

O homem era autêntico, puro, cativante, nunca tinha visto tamanho cavalheirismo que a impressionasse com palavras generosas parecendo verdadeiras. Mais uma etapa de sua história. As missivas que chegaram são dignas de serem lidas por muitos anos. Passaram-se 17 dias e antes que a campainha tocasse, ao abrir a porta, estava lá o carteiro com uma carta de amor, tão convincente que até o maior dos ateus acreditaria nas palavras redigidas.

A moça decidiu não arrumar casa, deixou-a exatamente como o estranho arrumou e seguiu seus passos.

Sofie VII

17 DE AGOSTO DE 2016 QUARTA 05:14

*Suas palavras são muito interessantes e você têm apresentou o que está dentro de você. eu sei que você é muito inteligente desde o início da nossa comunicação e sou um tipo de minha que a propriedade intelectual como os maiores ativos da Terra. Eu sabia que você ia fazer-me orgulhoso e você fez, bem, eu devo a **você um presente. Nomeie o mais valioso que você valorizar e eu vou conseguir isso para você, enquanto vindo para vê-lo.***

*Eu estou bem desde o início da nossa conversa intensiva ou comunicação constante e tem ajudado o meu coração para crescer ainda mais pai em amor. **Honestamente, eu ter esquecido o que é chamado de amor, mas você ativou os ossos mortos de novo** ... O meu coração era como uma árvore weeder que estação seca afetou muito e precisa de gota de água para brotar vivo novamente. Portanto ao sentir o cheiro de suas palavras para mim e preocupação, meu coração tornou-se vivo. Todas essas qualidades sua dotados são o que cada homem razoável deseja em uma mulher e é encontrado em você embora alguns homens que são engolidos com baixa mentalidade não estará em paz com você, devido à incapacidade de compreender você. Será um grande momento para ter uma comunicação mais estável com você principalmente agora que a nossa relação é tal que, tanto na diáspora. Sim, eu acredito que não há distância no espírito, você concorda com a minha que o amor é um espírito? Sim, é porque não é um material tangíveis ou bens intangíveis, em vez com grande valor que nenhum valor material pode comprar sinceramente, em vez do preço de compra são, consistência, persistência, resistência e tolerância. **Todas essas qualidades só pode ser encontrada em um coração sincero.***

32

*Eu sou um **americano irlandês**, vivia com minha mãe em **San Jose**, **Califórnia**. Eu era o único filho de meus pais até que meu pai tem envolver em um relacionamento que gerou a minha meia-irmã que me levou a ambos os pais divórcio. Eu sou um produto de pais solteiros (mãe) e ela pôs-se a lacuna para todos me através de minha adolescência e meu pai não estava disponível para nós devido à sua nova amante. Todos estes me manteve em um estado preocupante da mente, em seguida, e eu precisava fazer alguma coisa para proteger a minha mãe e dar-lhe melhor ao vivo em tempo e eu tenho para se inscrever em nós militares, foi enviada para Nova York para Academy. I Leia Psicologia em 1982, o curso de relações internacionais em 1990 e outros cursos de guerra relacionados que me fez especialista em **estratégia de guerra / terrorismo**.*

*****

- Viu Sofie, o moço é preparado em Psicologia, curso de relações internacionais e estrategista de guerra.

- O assunto está ficando sério amiga Solange. Sinto-me agora no dever de fazer o morto-vivo, arrasado, sem amor, ressuscitá-lo. EUZINHA inspirei esse militar a viver nova vida. Verdade fosse ele um militar no campo de batalha, no Afeganistão eu me sentiria uma heroína, com a responsabilidade de dar vida a esse homem, expondo sua vida pela nação, recebê-lo com muito carinho, elogiar sua profissão, cuidar do meu herói desconhecido.

Até me entusiasmei, e a emoção encheu-me de confiança no amor virtual. Senti compaixão, dó, amor, felicidade, contentamento por ajudar o outro a se encontrar, numa terra distante sem pai, mãe, esposa, e um filho ausente sendo educado pelo exército americano.

Afirmou que fomos predestinados. Os predestinados não podem fugir de sua missão. É força maior que nos impede de rebater.

Passado o momento de leitura, a cabeça aterrissou, os pés tocaram a terra e a descrença invadiu meus pensamentos. A intuição me aconselhava a ter cautela e argumentar; e se ele ao invés de estrategista de guerra for um estrategista do amor! Assim mesmo suas palavras eram tão generosas e gratificantes que eu adorava.

Até que me prove o contrário responderei todas as suas missivas.

R - Bom dia querido Tim. Senti sua ausência. A mente humana se acostuma com os fatos, e acreditando nas suas palavras, mesmo distante, faço crer na minha mente que são verdadeiras a até que me prove o contrário haverá respeito entre nós. A falta de honestidade entre as pessoas é um dos grandes males que desagrega e divide a humanidade, a família. E vemos isso no cotidiano. E cada dia eu regarei gota a gota nossa amizade para que a desonestidade não nos contamine.

Sinto muito pela sua mãe, e ausência de seu pai na sua adolescência. Eu tive um pai presente que adorava os seis filhos. Eu o amava muito, muito, tanto que, quando ele se foi para outra dimensão, quase não suportei. Mas sobrevivi, e a saudade das suas boas lembranças está guardada no coração.

Às vezes penso que você é uma miragem da internet. Há tantos homes e mulheres que se conhecem com essa tecnologia avançada e são tantas as decepções. TODOS os seres humanos gostam de ser felizes, no entanto um causa a infelicidade do outro. Bastaria lembrar que a vida na terra é passageira e devemos aproveitá-la com toda a felicidade que podemos proporcionar uns aos outros. É tão bom amar e ser feliz. Quando essa condição acontece, o mundo se torna todo colorido.

Você falou de um presente para eu escolher, o mais valioso. O maior presente que um homem pode me dar é: amor, amizade, companheirismo, fidelidade, sinceridade. Viu? Pedi quatro presentes. Beijo e seja feliz na sua missão. Cuide-se. 17/08~2016 11:56

*****

- Acompanhando e lendo os escritos desse General americano, segundo ele, amiga Sofie, eu sinto até vontade de encontrar um, também, com essa paixão, rsrsr...

- Vou caminhado aqui, sorrindo com você, cara amiga, com as minhas incertezas, mas gostando do que leio. Quem não gosta de ser amada, lisonjeada, respeitada! Afirmo com toda segurança que, o bom galanteador usa de todos os argumentos para conquistar a mulher, ou dá golpes financeiros. Não só na internet, mas ao vivo e a cores. As palavras escritas, no entanto, soam com maior liberdade, dão maior ênfase ao discurso. Falta, então, o olhar no outro olhar fixando na face o desvio da firmeza, na expressão verdadeira. A caminhada continua e a vontade de lê e escrever, também.

Sofie VIII

18 DE AGOSTO DE 2016 QUINTA 23:44

Boa querida da manhã e de ter escrito bem no primeiro parágrafo da sua mensagem, que eu concordo totalmente com você. Todos presume ser verdadeiro até que se prove o contrário **e eu não tenho nenhuma intenção de ser indigno** *pouco você vai ver o nosso relacionamento crescer de graça em graça*

O que você escreveu é vis vasa e qualquer **relacionamento construído sobre uma base errada de mentiras só vai durar por alguns dias, enquanto um na "verdade" sólido irá resistir ao sabor do tempo.** *Caro minha experiência de infância é muito tempo atrás e sua no passado, embora seja algo que eu detesto lembrar, mas isso me fez mais forte.*

A maioria dos homens acha que ter duas bolas entre as pernas os fez homem completo ou em virtude de casamento de uma mulher é um escravo, não, eu sou um advogado da igualdade de gênero. Eu posso não ter a capacidade de me mostrar através de sua mente, mas eu só exortá-lo a permitir que sua mente fértil, enquanto eu semear boas sementes e ali algumas coisas que vão determinaram o quanto nós significamos ser. Tempo, persistência, consistência, resistência e tolerância. Todos estes, na prática, vai fazer justiça às dúvidas. Cuide bem de si mesmo e **eu vou estar em você estará em minha mente sempre.** *18/08/2016 -23:44*

*****

laço.

- Ele continua firme em suas decisões, Sofie. Prevejo que você cairá no

- Não amiga. Eu ainda não confio totalmente nesse senhor, no entanto, agrada-me sua escrita. É porque ele me conhece apenas de modo aparente. Eu não perdoo uma mentira, nunca. Você viu aí o poder de sedução? *"Eu não tenho nenhuma intenção de ser indigno, qualquer relacionamento construído sobre uma base errada de mentiras só vai durar por alguns dias, enquanto um na "verdade" sólido irá resistir ao sabor do tempo"*.

É preciso muita hipocrisia ao usar essas palavras apenas para obter uma intenção ou com o propósito em algo. Eu tenho que responder a altura para que possa lê mais e tirar minhas conclusões.

Até que me prove o contrário responderei todas as suas missivas.

- 19 DE AGOSTO DE 2016 SEXTA 12:56

R-Bom dia querido. A bagagem que adquiri na vida foi da educação familiar, pais com pouco estudo e no colégio das irmãs salesianas (colégio religioso) de grande reputação no qual aprendi disciplina e respeito aos outros, e da formação nos bancos acadêmicos. Sou Historiadora, pois fiz a Faculdade de História, Estudos Sociais, lecionei assuntos relacionados com a política e sociedade brasileira, pós-graduação em Planejamento Educacional e Língua Portuguesa e Literatura. Com cinco anos de psicologia incluídos nas disciplinas. Mas nada nos traz mais conhecimento do que a faculdade da vida.

Quando aceitei seu convite passei a escrever para um homem de sorriso largo que vi em uma foto, sorriso que abraça, recebe, conquista. E outra foto de rosto sério inspirando confiança, respeito e responsabilidade. Talvez seja apenas um olhar poético. Eu Sofie, sou firme, tenho os pés no chão, mas a poetisa sonha alto, cria, voa, imagina felicidade através das palavras. Essa condição me faz bem.

Sobre sua história de vida foi muito bom saber. Tenho ojeriza as amantes e aos homens infiéis, pois são destruidores dos lares. Acho que, quando um relacionamento não der certo é melhor acabar e partir para outra pessoa, legalmente. Sua mãe foi uma heroína, ficou com o filho.

Só o fato de você pensar em proteger sua mãe e dar-lhe o melhor, para mim mostrou que você é um grande homem. Bom filho é bom pai e por consequência bom marido.

Gosto de escrever para você, me faz bem. A mente é boba e quando as palavras verdadeiras abraçam o coração ele fica tolo, manhoso e feliz. Deus o proteja.

Um poema para você. A tradução com certeza dirá outro significado.

Silêncio que Fala

Todo silêncio ao coração contrito
Olhei no teu olhar sem emoção
Entrei em tua alma feito furacão
Vasculhei teu céu, não vi o grito.

Não vi teu grito, mas vi penumbra,
Solidão sem palavra, sem testemunha,
Corroendo o tempo, fazendo grunha,
Abrindo valas como canto em rumba.

Este silêncio embotando a alma
Faz moradia, me consome fria,
Quisera um naco da cronologia
Para burlar o tempo, ofertar a palma.

Pudera ser a luz que rompe treva
Alumiar o templo, chegar a ti,
Nas palavras escrever que te vi
Sem o invólucro erguendo a leva.

Na face contrita teu olhar amante
Qual um telão rijo, emoldurado,
No teu sorriso eu vejo abortado,
Só o silêncio envolve cada instante.

Sofie
19/08/2016 – 12:56

- Ah, Sofie, você está se apaixonando, creio. Cuidado amiga. A decepção será de igual tamanho ao do amor, caso haja.

- Amiga Solange, nada há mais divino do que a sublimação do amor e nada mais doído do que o grito silencioso que a decepção desse amor nos causa.

Eu, amiga, na condição de poetisa e ficcionista, amo sim. As palavras me envolvem na hora da leitura. Qual o poeta que não ama nos seus textos, suas utopias e amores platônicos! Que lindos são os sonetos de: Dante de Alighieri, italiano, amor platônico por Beatriz Portinari (1265-1321); Francesco Petrarca, italiano, religioso, escrevia sonetos ao seu amor platônico à jovem Laura de Noves (1304-1374); Castro Alves, (1847-1871); Olavo Bilac, (1865-1918); Vinicius de Moraes, (1913-1980) Pablo Neruda (1949-1993) e centenas de poetas que a história literária registra. Dom Pedro I de Portugal, por Inês de Castro, Dom Pedro I do Brasil pela Domitila de Castro e bem atual o amor do Presidente da República francesa, Emmanuel Macron aos 15 anos apaixonou-se pela professora Brigitte com 39 anos, 24 anos a mais. Ainda continuam casados. E muitos da nossa história.

Falei da minha profissão, tinha que me valorizar diante de um Major General do Exército Americano, pois não? Não sou uma zinha qualquer.

O mundo é um poema, a vida é um poema em todas as suas dimensões. O amor tem seu trajeto qual "ciclo vicioso" de solidificação, liquefação e vaporização, atravessa todas as fases: se firma, às vezes, anos, (congela), liquefaz, derrete, e na evaporação procura novas formas e volta a se solidificar. Nada é mais confuso do que o sentimento nos humanos e ao nos depararmos com pessoas de má índole ou estrategistas a vida se torna prosaica. Por essa razoável convicção, eu não retiro os pés do chão.

Sofie IX

20 DE AGOSTO DE 2016 SÁBADO 05:58

Muito obrigado pelas palavras doces, de toda indicação o educador que eu amo tanto porque a aprendizagem é o maior patrimônio de qualquer ser humano pode adquirir. Parece que seu um autor? Conte-me sobre seus livros, porque o seu um bom escritor. Caro você mencionou tanto sobre o seu perfil educationly mas não disse uma palavra sobre sua vida amorosa, embora o poema mostra o seu uma mulher romântica. Conte-me sobre você ama a vida.

*****

- Dessa vez foi um bilhete, em vez de uma carta, viu Sofie? Está afrouxando os laços.

- Pode ser, Solange. Ele já abordou toda sua vida, agora quer saber da minha. Nada me custa. Não tenho grandes histórias. Não costume mentir, enganar e passar informações para impressionar. Costumo ser verdadeira, autêntica e honesta. As informações que direi são mais para minha segurança e mostrar a força do meu caráter.

Até que me prove o contrário responderei todas as suas missivas.

Boa tarde, querido. Eu publiquei livros: infantil, juvenil, de poesias, de contos e crônicas e um Artigo Acadêmico sobre Contação de História Infantil. Coautora em várias coletâneas, algumas com tradução sendo em Chile, França, Espanha, e em inglês. Tenho uma produção de mais de quatro mil textos, apenas para exercício poético. O Brasil não é um país de leitores, nem de vendas. Aquele link primeiro que lhe enviei tem minha biografia completa. Já ganhei troféus, medalhas e comendas. No ano passado fomos até a bela Paris, com 18 escritores para o salão do livro. Conheci o Museu do Louvre, Navegamos no Rio Sena, admirei a Torre Eiffel, muitas igrejas de estilo barroco, o palácio de Versailles, que tanto ministrei aulas sobre o belo palácio.

Sobre o amor. Amo a vida a natureza e a tudo que me traz alegria. Namorei pouco. A educação foi muito rígida. As pessoas que quiseram casar comigo eu não simpatizei. Duas, até que cheguei a pensar em querer, mas descobri que em cada personalidade havia costumes dos quais eu não gostaria. Não saberia conviver com pessoas assim. Então a maturidade me fez seleta e nunca mais encontrei uma pessoa que realmente valesse meu interesse. Sentia falta, depois me acostumei.

Tenho um primo que é sacerdote e faz um trabalho pastoral em Massachusetts, há 11 anos. Quando lhe aceitei como amigo no Facebook, a irmã dele estava lá na sua página. Depois saiu. Agora, na sua página, tem três colegas minhas dos encontros literários. Ainda não atinei porquê.

Um grande abraço. Deus lhe proteja.

*****

- Expôs-se muito, não Sofie! Daqui a pouco o moço pensará que você é rica.

Caso pense, amiga Solange, é um idiota. O mundo inteiro sabe que o Brasil é um país em desenvolvimento, com moeda desvalorizada em relação ao dólar e ao euro. Professor é mal remunerado e a maioria das profissões daqui. Minha biografia encontra-se nos meus blogs e sites que frequento. Sem constrangimento. Leio biografias extensas de várias pessoas com cargos importantes, nos sites. Não cito a cidade que moro, nome completo nem endereço. Já é uma segurança. Se o moço está à procura de dinheiro, ou uma mulher bem sucedida financeiramente, vai cair do cavalo e se esborrachar no chão.

Ouvimos em noticiários e jornais impressos, fatos corriqueiros. Não só na internet, mas pessoalmente. Aparece um homem, com boa aparência, fingindo sinceridade, honestidade, assíduo, pontual, carinhoso. Depois que consegue carro e algum dinheiro vai embora. Aqui na minha cidade aconteceu com pessoas que eu conheço.

Então ninguém vai se frustrar, em namorar, encontrar um amor! A atenção deve ser redobrada. O problema é que a carência e a dependência afetiva tornam as pessoas fragilizadas, acreditando nas boas aparências de um pseudo homem e nas palavras de conquistas. O coração, muitas vezes, se faz de bobo, mas tolo não é, apenas sente necessidade de ouvir o que quer. Diante dessa afirmativa, sofre decepção.

Sofie X

21 DE AGOSTO DE 2016 03:41

Honestamente, desde o início da nossa comunicação i sabia que o seu muito inteligente e tal é tipo de qualidade i anseiam em um amante ou parceiro.
Alguns homens sentem que as atividades da igreja são desperdício de tempo, mas a Escritura que "self Justiça não vai aproveitar qualquer homem" e "a fé vem pelo ouvir !!!! ouvir !!!! a palavra de Deus. Portanto, precisamos habitar entre pessoas de mesma fé que igreja é o lugar certo. Se um homem faz todas as coisas direito, sem Cristo, a sua boa não vai aproveitar-lo diante de Deus.
*O medo do desconhecido é o maior inimigo do sucesso em toda a ramificação e há original antes de chamariz e Deus tem uma maneira de trazer esse original que desejamos no final do dia. **Estamos vago porque há um espaço para nós para ocupar no futuro.***
Eu queria perguntar se você acredita na palavra destino, mas a partir de sua mensagem você acredita. A vida sem amor aquele que excita e satisfazer as nossas emoções é pior do que a doença, pois é uma doença eterna.
*Sim meu trabalho estará terminado em ou antes de final de outubro e você **será o primeiro a visitar**. Será um grande momento para ter uma comunicação mais estável com você principalmente agora que a nossa relação é tal que, tanto na diáspora.*
Sim, eu acredito que não há distância no espírito, você concorda comigo que o amor é um espírito? Sim, é porque não é um material tangíveis ou bens intangíveis, em vez com grande valor que nenhum valor material pode comprar sinceramente, em vez do preço de compra são, consistência, persistência, resistência, confiança, honestidade e tolerância. Todas essas qualidades só pode

43

ser encontrada em um coração sincero e dará à luz Love. Graças um milhão para a foto, você está linda e eu gosto disso. 21/08/2016 – 03:41

*****

- Você enviou uma foto para ele, Sofie?

- Sim enviei uma, lá do Palácio de Versailles. Para testá-lo, uma vez que se diz muito viajado, se por acaso conhece a bela cidade fará algum comentário. Todas as minhas viagens estão no álbum do meu site e qualquer pessoa pode ver. Você viu aí amiga, nós estamos em agosto, ele afirmou que em outubro, ou antes, está livre e a primeira pessoa a visitar sou eu. Eu acredito que as três fotos que estão na sua página, no Facebook, são de outra pessoa. É de um homem bonito com medalhas e recebendo até troféu. Caso as fotos sejam falsas é muita força de argumentação e ousadia, dizer que vem me ver.

"Estamos vago porque há um espaço para nós para ocupar no futuro". Com outras palavras fomos predestinados. Afirma ser um homem sincero, crê no amor, em Deus. A pessoa que crê em Deus dá à impressão de que não é capaz de mentir. Aguardo a próxima correspondência.

Até que me prove o contrário responderei todas as suas missivas.

R- 21 DE AGOSTO DE 2016 11:56

Bom dia, querido. Não sei se acredito em destino, mas acredito que a força do universo, através de um Ser poderoso, aproxima os bons dos bons e os maus dos maus. Costumo afirmar que a religião e as leis foram criadas para frear a maldade humana. O mundo não se sustentaria sem os dois.

Concordo que o amor vem de uma força espiritual, e há uma enorme diferença entre sexo e amor. Sexo é união de dois corpos que extravasam seus instintos animais. Amor é aquele que protege, cuida, sente-se feliz com a presença do outro, tolera, resiste, confia, e tudo faz para se agradarem. Em consequência dessas ações vem o ato sexual por amor. Gosto do seu modo de pensar, que compartilha com o meu.

Aqui no Brasil, para eu ensinar aos meus alunos, estudei história do Brasil colônia, (fomos colonizados pelos portugueses); Brasil Império e Brasil República, história Antiga e Medieval, Moderna e Contemporânea. Com referência ao continente Africano e aos países Norte Americanos, fizemos rápidos estudos.

Agora eu estava lendo sobre sua cidade natal, Irlanda, New York. Canadá, países desenvolvidos, li a cidade que você morou San José California.

Sou leitora assídua desde criança. Estou escrevendo um livro sobre Passeios Literários, os locais aonde fui receber os prêmios.

Obrigada pelo elogio da foto. Todos os dias eu olho a sua e penso: será dele ou de outra pessoa, esse belo homem. Seja feliz na sua missão. Beijo no coração. Deus o proteja.

- Ele nunca falou em sexo, amiga. Você está provocando a fera. E leu também sobre a cidade onde ele nasceu?

- Sim. Mas a cidade que ele nasceu San José, é a terceira cidade mais populosa do Estado Americano da Califórnia. Eu escrevi que era na Irlanda, depois vi que confundi. Com certeza corrigirá caso seja de lá.

Já ouvi uma alemã comentando numa entrevista, que o homem europeu tem uma conquista diferenciada do homem brasileiro. Eles não exploram a parte sexual com elogios desagradáveis. Lá eles elogiam a beleza da mulher, as suas qualidades, caráter e personalidade. Talvez ele nem seja europeu. Mas se comporta como se fosse. Pode ser até meu vizinho, um amigo da literatura ou uma pessoa de qualquer outra parte desse planeta. Mas o comportamento é de um europeu. E eu daria um bombom para descobrir quem é esse homem tão virtualmente formidável.

Sofie XI

*Bom dia Caro, não estou surpresa que compartilham mesma ideologia porque quando meu instinto me incentivou a enviar solicitação, eu sabia que não ou não ia ser uma solicitação vazia **porque boa atrai bom**. Só vai levar os compatíveis dois lados do ímã ao emaranhado becaus ambos os lados contém o que o outro necessidades.*

O sexo não é amor, mas tem um papel na relação que se satisfazer a nossa vontade humana. O sexo é a principal ferramenta que mantém nossa mente natural no amor, porque mente natural humana não é espírito, mas muito carnal. Eu realmente gostaria de elogiar o seu esforço em ajudar-me sentir como um adolescente novamente.

Eu nunca acreditei que uma mulher poderia pegar minha fantasia novamente principalmente da rede social, mas aqui eu estou caindo com o tipo de mulher que eu anseiam por. Eu sou um tipo de homem que se ligam grandes valores na propriedade intelectual do que todos os outros bens.

Seu sempre na minha mente e eu não teria chegado tão longe sem você. Obrigado pela reciprocidade das palavras, sentimentos e ideologia. O destino pode ser descrito como arranjo predestinação de ser poderoso ou suprema. Exemplo, o nosso encontro de hoje é uma predestinação concebido ... Destino. Ele é destinado a acontecer, mas nunca emergente ele.

22/08/2016. 00:23h

****

- Respire menina Sofie. O soldado, ou melhor, o General encontrou a mulher dos seus sonhos. E agora?

- Agora e sempre fico mais confusa. Eu podia escrever páginas e páginas falando de grandes amores bem-sucedidos, pequenos falsos amores, rápido como um relâmpago. Sim, já ouvi alguém com imensa paixão, casar por obrigação devido a gravidez e demorar somente o dia do casamento. Fugiu. História de falsos amores para conseguir se dar bem, há muitas citadas todos os dias nos jornais. Mas alguém se apaixonar imensamente por uma foto, e por palavras virtuais, é a meu ver perigoso. Eu amo suas cartas. Suas fotos, que não sei se verdadeiras. Ás minhas fotos sim. Não posso omitir informações nem foto porque meus amigos estão na minha página.

E eu curando sua alma e solidão! Bom demais. Vou contar só uma. Na cidade de São Paulo, há um passeio turístico terrestre, com duração de dez dias de viagem, indo até Machu Picchu e Cusco. As pessoas vão com objetivos diferentes. Uns para conhecer as cidades. Outros para visitar os familiares e outros para encontrar seu amor virtual. Havia uma jovem com essa intenção. Conhecer seu grande amor, dizendo-se extremamente apaixonada, afirmou para o repórter: ele é o homem da minha vida. - Sem conhecê-lo? - Sim, pelas palavras e a foto, o sorriso, o olhar. Falamo-nos todos os dias. A irmã do seu amor a esperava no aeroporto de uma cidade peruana. Ao regressar o repórter indagou: deu certo. - Não. Uma decepção. A pessoa não era o que dizia e a foto muito diferente do real. Viu o perigo? Eu corro esse risco.

Até que me prove o contrário responderei todas as suas missivas.

22/08/2016- 18:47

R - Bom dia, querido. Também estou surpreendida comigo. Lentamente suas palavras me conquistaram. Estou lentamente me apaixonando por um desconhecido virtual. Eu que sempre reagia. Às vezes não dá certo, outras raras vezes sim.

A filha de uma amiga conheceu um rapaz europeu, que veio passar umas férias aqui, na minha cidade. Apaixonaram-se. A menina ia fazer medicina. Os pais não concordavam, com o romance, temiam o desconhecido. Ela casou foi embora com ele. E deu certo. Ela veio agora passar uns dias e está muito feliz, diz que o marido é um homem muito bom. Mas já se separaram mesmo tendo dois filhos. Apenas como exemplo.

Não posso afirmar que pessoalmente gostaríamos realmente um do outro, mas gosto muito dos seus textos, do seu caráter, do seu modo de pensar. Sinto-me uma adolescente que sonha, viaja, atravessa pontes, pula obstáculos, faz poemas e rir dos acontecimentos. O mundo fica lindo, colorido. Tudo fica belo. A nossa mente nos escraviza, quando pedimos permissão para sonhar. Sonhar não paga nada. Sonhar em amar e ser amada, é a maior das ilusões, é o melhor dos sonhos, a melhor das aventuras. Coração não tem juízo, nem idade, nem tempo para amar. Deus lhe proteja. Um poema para você.

*Fecho os Olhos

Fecho os olhos e moldo tua imagem
Cada pedaço pincelando o sonho
Sorriso que acolhe, e na aragem
Outro sorriso vai arguto e bisonho.

De tanto exercitar esta façanha
A imagem retrata com perfeição
Traços em nitidez sem artimanha
As linhas contornando boca e mão.

Rede, olhar sedento, no vento solto,
Pássaros trinando ao anoitecer,
Mar rugindo em volta silencioso.

Tudo confabula no tempo envolto,
Matreiro sonho vem o amanhecer
Até que o olhar acorde majestoso.

- É a poetisa soltando as amarras e voando ao Afeganistão. KKKK. Apaixonadíssima, amiga.

- Afirmo-lhe, cara e confiável amiga, que, ao lê suas cartas, a paixão me consome inteira, almejando que essa sombra fosse real e verdadeira. É saudável para o ser humano, até aos animais, sentir-se amada. Ao retirar os olhos de tão afáveis palavras, os pés pisam majestoso sobre solo e ele torna-se um vulto apenas. Penso: para quantas estará escrevendo adoráveis textos, com história e fotos diferentes e a mesma eficácia amorosa. Daria um bom romancista de ficção, com tanta imaginação. Preciso fazer um rastreamento de sua foto, porém, fico adiando com a intenção de lê com suavidade o que eu gosto de ler.

O face nos serve para situações surpreendentes. Encontramos amigos, lemos textos interessantes, divulgamos nossas ideias e trabalhos, pesquisamos, e lemos textos desagradáveis, malandros com falsos nomes e fotos para atrair mulheres etc. Encontrei essa amiga quando fazíamos a primeira faculdade. Ela é minha confidente. Apenas a única sabedora desse encontro na distância e sempre me alertava. Cuidado.

Sofie XII

Bom dia Caro, as suas palavras são muito doce e tem falado sensação dentro de mim, acho que eu deveria tomar isso como elogio. Ponto de encontro não é necessariamente o problema mais vezes em vez depois de conhecer o que segue o exemplo. Não há lugar designado para a reunião um do outro e do local de reunião não determinará o amor.

Estou bem satisfeito no seu tipo de mulher que pareça muito curto em que nos conhecemos uns aos outros, mas por isso, vamos compartilhar mesma ideologia e muito maduro para compreender uns aos outros, teremos paz. encontro de vida ou experiências tem uma maneira de conversar nossas vidas. Portanto encontro no passado tem dois lados, o negativo e o positivo, ele poderia nos tornar pessoas melhores ou estagnada em agonia para os mais pequenos ocupados. Ainda bem que estamos em novidade de vida viagem.

Haha haha ✷✷cidade de Roma não foi construída em um dia, portanto, a confiança é um processo e tanto o partido irá mostrar merecimento ou digno de confiança. Não tenho nenhum problema com o tempo em relação a confiança, mas a minha única oração é, que as nossas mãos sempre no arado. A confiança é construída, ganho e ganhar, mas nosso coração precisa estar pronto para a aceitação, enquanto na viagem de confiança.

Eu tenho a obrigação de evitar a sua mente sobre como eu me sinto como um homem, enquanto seu descansado com a obrigação de reciprocidade, se você me acha digna.

✳✳✳ ✳✳

- Está vendo, Sofie ele se apresenta como um homem digno, pedindo confiança se assim o merecer.

- É amiga, ele pede calma, pois Roma não se fez em um dia. Não. Roma foi construída através de muitas mortes, usurpação de cidades, escravizando os vencidos, deixando filhos órfãos, mulheres viúvas, fome, doenças, destruição de muitos, para engrandecimento do Império Romano.

Ele se diz no comando do Afeganistão defendendo a Síria. Quem sabe pode ser até o meu vizinho, um amigo da literatura, um malandro qualquer perito em enganar.

Afirma ser confiável e que somos iguais, com os mesmos ideais. A paz futura nos aguarda.

Até que me prove o contrário responderei todas as suas missivas.

R – 24 DE AGOSTO DE 2016 QUARTA 10:50

Bom dia, querido. Eu citei o exemplo da colega para mostrar encontros e desencontros entre dois seres humanos. Que seja pessoalmente ou pela internet. Há casos e casos com os mais variados fatos. Uns que admiramos pela intensidade da história, outros que nos deixa estarrecidos e receosos com o desfecho.

Quanto a você, nada encontrei, ainda, que pudesse me aterrorizar e desconfiar de suas palavras. Adoro receber sua escrita pelo tempo que você quiser e for necessário. Escrever é bom, é uma higiene mental, faz bem ao nosso ego, e me enche de alegria. Admiro tudo que você diz, sou sua fã incondicional.

A confiança é um processo, às vezes longo, às vezes, rápida. Eu tenho temperamento tranquilo, observador e procuro entender o outro em seus mais variados sentimentos. Sou detalhista.

A leitura para mim é tão importante para o espírito como o alimento para o corpo. A escrita me completa dia a dia. Vamos caminhado nessa estrada entre retas, curvas e obstáculos, até encontrar um ponto de saída para o labirinto da vida.

Não se canse com meus textos. O poeta, mesmo escrevendo em prosa, carrega poesia e emoção em cada palavra, e me faz bem. Desagrada-lhe escrever assim?

O último soneto que enviei para você, eu o traduzi em inglês e vi o quanto se perde da rima, métrica e ritmo, que é ao estilo dos clássicos italianos, e foi aperfeiçoado pelo grande poeta Petrarca. Ele foi laureado em sua primeira grande obra *Africa*, um épico em latim sobre o grande general romano Scipio Africanus,

Uma pessoa da família, que faleceu em um acidente de moto, (dói só em falar) gostava de lê Agath Christie, escritora britânica, que escrevia histórias policias. Mas ele gostava dos meus contos e levava-os para o Comandante General da Polícia, que ligava para mim agradecendo. Ele trabalhava lá no comando no setor de comunicação da polícia. Era tão lindo o meu menino! Tudo que ele fazia combinava comigo. Desculpe estou com os olhos lacrimejando.

Deus lhe ajude e proteja. 24/08/2016

- O Cotidiano, Sofie, parecem dois namorados de longa data participando dos acontecimentos diários e familiares.

Eu, amiga Solange, quando falo do meu cotidiano é com a estratégia de obter também assuntos corriqueiros de sua vida. Ele nada acrescenta. Fala somente de nós, do nosso futuro, da admiração constante que sente por mim. Mas vou levando na calmaria, até que o destino possa apontar outra direção.

Não se deve mexer no time enquanto ganha. Eu estou ganhando por gostar das cartas, dos elogios, da aventura, desse feito extraordinário. Os pés, contudo, ainda não saíram do chão.

Sofie XIII

27 DE AGOSTO DE 2016 SÁBADO 17:03

Bom fim de semana. Caro estou feliz que você encontrou as minhas palavras agradáveis ao seu coração, mas eu também quero que você saiba que eu não teria apresentou boa escrita de não que você me deu ouvidos ou oportunidade de escuta para mostrar o que está dentro de mim. As pessoas estão realmente talentoso e alguns têm boas visões ou sonhos, mas, portanto, uma oportunidade que não lhes é apresentado a surgir, eles vão morrer com grandes visões e sonhos. De qualquer forma obrigado pelo elogio.

A confiança não é automática e não é um processo e após o processo de a pessoa em questão vai provar-se digno de ser confiável e ser humano é mais complicada de lidar, mas quando as pessoas de mesma ideologia localizar-se. Sua escrita qualidades não são contestados e estou muito se o seu que muito inteligente e eu não vou ficar cansado de leitura. Eu acredito na mágica que nos conectado e estou esperando o dia em que vai reunir-se mutuamente em pessoa.

*****

- Ele gosta e adota tudo que você escreve, amiga. Vocês são duas almas iguais, a metade da laranja, rsrsr.

- Não brinca amiga. Eu lá confio em desconhecido, apesar de afirmar que temos os mesmos ideais, em toda carta a elogiar minha inteligência, não me sinto segura. Em uma pesquisa no Google encontrei os sete homens mais mentirosos do mundo, e postarei no final dessa obra.

Continua sem falar do seu cotidiano, é muito seguro, e essa condição o torna suspeito nas suas palavras.

Até que me prove o contrário responderei todas as suas missivas.

R - 28 DE AGOSTO DE 2016 QUARTA 11:56

Bom dia, querido. Há em você uma filosofia de vida que eu admiro. Em suas palavras existe poesia. O mundo é um grande poema nas entrelinhas de cada pensar, de cada olhar, de cada desejo.

Às vezes penso que você é uma ficção, rsrsr. Mesmo que fosse, e eu escrevo ficção, continuaria com você escrevendo até aonde nossas vontades se permitirem. O tempo é nosso mestre, a nossa história na net é a história mais fantástica que eu tenho. Adoro quando o leio. Sua história de vida daria um excelente romance, e os personagens com pseudônimos. Eu tenho vários textos que falam de mim, com nome diferente.

Eu não posso ser ficção. Sabe por quê? Porque para onde eu escrevo há pessoas conhecidas. No Facebook, por exemplo, existem 558 amigos. Muitos, eu os conheço, outros são amigos da minha família, ou amigos dos amigos. São pessoas que conhecem minha vida, profissão, meu trabalho. Então eu tenho que ser verdadeira. Além de ser verdadeira por força do caráter. Mas no começo do ano criaram uma página no face, com minha foto e meus dados, e faziam propaganda de vários produtos. Comuniquei para todos os amigos que a página não era minha, pedi aos organizadores do face para apagar a nova página e fui atendida.

Assisti pelo noticiário: militantes do Talibã atacam Universidade Americana de Cabul. Um tremor de terra no centro da Itália, dia 25. Foi emocionante, quando um soldado retirou uma criança dos escombros abraçou-a com tanto zelo parecendo um cristal e a criança por sua vez o abraçou, com força, no pescoço do soldado a dizer: abrigada meu herói. Foi emocionante.

Frequento quatro academias literárias e os associados têm profissões diferentes. São médicos, professores, psicólogos, jornalistas, militares. Juristas.

Quando viajamos é por uma causa maior, a literatura. Recebemos troféus, medalhas, ouvimos palestrantes, fazemos saraus, e por fim um tour pela cidade. Há até um coronel que fez a minha biografia em cordel para o meu livro de contos. É aposentado, mas não cansa de atuar na literatura. (Escrevi demais)

Aqui é domingo, 11:05 - 25/08/2016. Fique com Deus que o protegerá.

*****

- Continuas informando sobre teu cotidiano, Sofie, ele sempre se faz de surdo e mudo.

Verdade amiga Solange. No início as informações da sua família foram escritas para embutir confiança e eu falar da minha. Tento arrancar um pouco de sua vida, mas nada consigo. Há algo errado. Caso os informes primeiros foram mentirosos, deveria continuar para dar mais credibilidade. Como não há estratégias perfeitas, a dele está falha. Falei do coronel pelo fato de ele se dizer Major General Americano e comentar algo. Nada.

Sofie XIV

Bom dia a partir daqui querida e como foi sua noite? Na verdade a nossa reunião é o momento mais emocionante da minha vida e eu concordo que o tempo é o nosso mestre, pois ele aguarda agora um, mas nós podemos fazer agora o servo por meio de planejamento de nós mesmos. O tempo está destinado a ser o controle por causa de vácuo natureza evitar, mas daí podemos agendar nossos programas, o tempo nos serve.

*Eu não sou uma ficção, quer em vez i pode ser chamado de um produto do destino, porque **a nossa reunião é um arranjo predestinação de Deus.** Enquanto isso, um dia começa uma história em todos uma vida, todas as pessoas que conhecemos hoje veio a sua vida em um minuto e eu sei se devemos permanecer em estreita **relação próximos anos** você não vai me ver ou me abordam para ser ficção.*

Na verdade, há muitos chamarizes hoje no mundo, mas você vai concordar comigo que, antes do nascimento de chamariz não é original. Exemplo é o caso em que alguém usou o seu perfil para anunciar no Facebook. Desde o início da nossa comunicação ou troca de gentilezas, eu sabia que o seu um intelectual que é o ativo mais primordiais e maiores para um ser humano. O seu melhor para anseiam por conhecimento do que dinheiro, sem cérebro. O conhecimento é dinheiro intangível. Cuide-se.

*****

- O moço continua seguro, Amiga Sofie. A força do destino uniu vocês. Louvado seja Deus!

- Vejam a demonstração de sua convicção ao afirmar que nosso encontro foi projetado por Deus. Falei da minha idade, ele aceitou, que a minha profissão de educadora é mal remunerada no Brasil, não teve problema, e agora afirma que o conhecimento é primordial em vez do dinheiro sem cérebro.

Ao abordar que a sua história daria um excelente romance de ficção retrucou, pois é um produto do destino e somente após a sua morte poderá ser abordado para tal finalidade.

Até que me prove o contrário responderei todas as suas missivas.

R - 31 DE AGOSTO DE 2016 QUARTA 09:52

- Bom dia, querido. Desculpe pelas minhas incertezas. Mas você, como homem inteligente e conhecedor das artimanhas que as pessoas usam nesse belo planeta, que nós habitamos, deixa-nos atemorizadas. Feliz é aquele que encontra em seu caminho alguém confiável que partilha nossos momentos felizes. Eu sou feliz com você, mesmo na distância que nos separa. Eu quero ser a pessoa que sossega seu espírito e que lhe deixa feliz. As palavras têm a força de construir e destruir. Que as nossas palavras sejam sempre para a construção da nossa amizade. Que permaneçamos confiáveis, com o pensamento voltado para o bem de si e do outro.

Quanto ao dinheiro é necessário para a sobrevivência de qualquer pessoa, mas prefiro uma pessoa que tenha caráter, responsabilidade e amor para dar, do que rico sem caráter. Sou filha de um negociante que não era rico, porém, tinha o suficiente para sustentar a família. Educou os filhos. As três mulheres se formaram em graduação e pós-graduação. Os três homens, após o ensino médio, ficaram no comércio. Os sobrinhos, alguns já se formaram, casaram e trabalham, e outros ainda estudam. Todos ganham o suficiente para sobreviver. São pessoas honestas que vivem do trabalho. Fico feliz por minha família.

Estou aqui do outro lado da terra, que nos separa pelos mares bravios, mas o pensamento voltado sempre para o bem do outro. E basta um clique ou uma palavra de pura amizade, de carinho, para alegrar nossos corações.

Aqui são 09:32 da manhã, o sol beijando as janelas. Cidade quente com belas praias, vento forte e amor no coração. Vou sair após o almoço faço três cursos, não sei ficar parada. Fique com Deus para protegê-lo. 31/08/216.

*****

- Agora você decidiu falar de sua família. Sofie, mas de modo bem discreto e sem oficialidade.
- Ele falou de sua família. Já matou o pai, a mãe, a mulher, só resta um filho com doze anos aos cuidados do governo americano em uma escola militar. Não tem mais o que falar de família.

Eu apresentei meus familiares de forma supérflua, sem nome, sem profissão, nem a cidade que nós moramos, vivendo do trabalho, então somos pessoas idôneas a honestas. Eu tenho família.

- Nunca mais escreveu, seu amor virtual, Sofie.

- É amiga. Desistiu ou está na luta comandando os soldados rsrsr. Vou cutucar a onça com vara curta. Para sair da toca.

12 de setembro de 2016 segunda 17 ;39
Algum problema por aí? (Enviei uma flor vermelha)

- Nada amiga?
Nada amiga. Duas semanas. Sumiu sem um até logo.

Sofie XV

16/09/2016 05:05

Olá! Meu amor doce Sofie, como você está? espero que você esteja bem? Querida, eu sinto muito pela minha resposta tardia e eu espero que você vai entender a natureza do meu trabalho aqui linha de dever?

*Minha doce querida, como eu disse antes o amor é um sentimento que vem através do espírito de um ser humano e pode atravessar qualquer distância e a coisa mais importante é as duas pessoas para ver uns aos outros **e eu quero prometer-vos do fundo do meu coração que eu devo manter este fogo que queima até nos encontrarmos uns aos outros muito em breve.***

Estou apenas querendo saber como a sensação será em nosso primeiro encontro, o primeiro olhar em cada outro olho e o primeiro toque e as emoções que virá com ele, o primeiro beijo etc.

*Você sabe, minha querida, eu tenho vivido por um longo tempo, responsável e dependente de ninguém, respondendo **a ninguém e comprometida com ninguém a não ser eu mesmo**. Durante este período de minha vida, eu considerada a mina de mundo para a tomada e realmente acreditava que eu estava vivendo a vida ao máximo.*

*Então, você entrou na minha vida, e, de repente, eu percebi que eu tenho me enganando. Acho que a minha vida não é tudo o que eu pensava que era. Ele foi falta em muitas coisas e apenas uma pessoa mudou tudo isso dentro de um tempo muito curto. **Você é essa pessoa, e eu tenho queda no amor com você.** Para ser honesto, eu nunca pensei que iria proferir essas palavras, mas agora, eles saem sem esforço e com **grande sinceridade.***

*Eu vou ser eternamente grato a você por me mostrar o quão rasa a minha vida era. Enfim, eu tenho uma chance de dar-lhe profundidade e propósito. Meu amor, não há nada muito especial sobre minha vida do que ser um soldado. Além de qualquer outra coisa, **tudo que eu preciso de você é o seu amor, sinceridade e veracidade e, acima de tudo eu prometo a você que eu posso sempre contar com seu amor para conquistar no meu tempo de aflição.***

*Eu ser um soldado toda a minha vida, eu nunca tem tempo para relaxar, mas agora que o meu tempo de serviço está prestes a ser mais, **é hora de fazer um passeio ao redor do mundo com você ao meu lado.** Meu caro, eu tenho que lhe dizer a verdade, por agora, eu não tenho uma razão para não pretende ter um novo **começo junto com você para sempre.** E eu espero que você está pronto para isso também. **Estou ansioso para a sua próxima mensagem e uma garantia de que o seu coração é meu para manter e cuidar. Para sempre em meus pensamentos, Beijos e abraço. 16/09/2016 05:05***

*****

- Amiga Sofie, que carta mais bela de declaração. Até eu fiquei com inveja. Inveja branca, boa. Você merece ser feliz.

- Realmente amiga, fiquei tola, apaixonada e temerosa. A frase abaixo escrita por ele é de uma força tamanha que parece verdadeira. Só quem conhece o poder da palavra entenderá essa extensão grandiosa. Tenho que responder à altura dos seus sentimentos.

"tudo que eu preciso de você é o seu amor, sinceridade e veracidade e, acima de tudo eu prometo a você que eu posso sempre contar com seu amor para conquistar no meu"
"é hora de fazer um passeio ao redor do mundo com você ao meu lado."
"Estou ansioso para a sua próxima mensagem e uma garantia de que o seu coração é meu para manter e cuidar. Para sempre em meus pensamentos, Beijos e abraço. 16/09/2016 05:05" -
Viu que força há nas palavras, amiga?

Até que me prove o contrário responderei todas as suas missivas.

16/09/2016. 15:50

R – Boa tarde, querido amor. Sinto imensa alegria quando recebo sua correspondência. E temi pala sua ausência, mas na espera de suas doces palavras. Pedi a Deus por você no cumprimento de sua missão, saúde e paz para nós dois.

Meu coração está aberto, livre, e com muito amor para oferecer. Você é o meu soldado desconhecido que o destino lançou em minha vida para meu contentamento e felicidade. Sou muito romântica nos meus versos. Pessoalmente sou um pouco reservada para falar de amor. Mas suas palavras me levam a admirá-lo com a mesma intensidade.

Quando você fala que, nos veremos em breve, fico atônita.

Quero nunca o decepcionar e merecer sua eterna confiança. Cada palavra sua é um alicerce que planto no meu coração e queira Deus que permaneça inalterável em nossas vidas. Já comecei a sonhar com o seu sonho, que seja de muita amizade, compreensão, reciprocidade e partilha para nós dois.

Sou grata a você, e ao destino que determinou o nosso encontro e pelas suas palavras carinhosas que muito me envaidece. Beijos no coração. Deus o proteja. 16/09/2016. 15:50.

*****

- Vai dar uma volta pelo mundo com seu amor, Sofie. A missão dele terminou. Apronte-se....

- Nessa mesma semana Sofie recebeu informação de duas colegas que se correspondiam com americanos em guerra, setembro de 2016. Todos com a mesma história, pais mortos, viúvos, e tendo um filho ou filha.

Outra me falou que o cara enviou um passaporte falso.

A outra foi pedida um empréstimo de 1.880,00 euros, a fim de resolver problemas com o filho, em dezembro viria ao seu encontro e pagaria.

Outro, se dizendo de Portugal, enviou uma joia lindíssima, que ao ser tocado pelo ourives atestou ser bijuteria.

Decidi rastrear a vida desse estimado e querido amor virtual. Antes de responder sua carta.

Lembrei-me de dois acontecimentos aqui na minha cidade: Sabedora pelo noticiário de um moço excelente, pontual, simpático, atencioso, que conquistou uma professora universitária com o objetivo de eliminá-la, obtendo pagamento de quatro mil reais, do genro da professora. Mais surpresa ainda, quando descobri que namorou duas amigas minha ao mesmo tempo. Também outro caso na minha cidade que uma senhora namorava um militar se apresentando investigador do exército brasileiro, ao que a corporação negou sua passagem por esta instituição. Resolvi então, pesquisar o meu amado virtual

Decidi, então, fazer pesquisa rápida descobri que a bela foto que usava, não era sua, e sim, de um Major General EUA Exército Americano. Não respondi sua última carta. Como resposta disse: essa foto não é sua, e enviei as fotos do verdadeiro Coronel General do exército americano ornamentado de honras, casado, com dois filhos, próximo da aposentadoria. Um homem de grande importância americana com medalhas, títulos, comendas e uma vasta biografia da qual tenho comigo.

Pesquisa no Google.

A pessoa cujas fotos foram mal utilizado e abusado, é:
Kendall P. Cox, Vice-Comandante Geral - Militar e Operações Internacionais, http://www.usace.army.mil/About/Leadership/Bio-Article-View/Article/475512/major-general-kendall-p-cox/
Enviei três fotos, mas obtive na pesquisa, vinte e seis.

Um belo homem, sendo utilizado no twitter, no linkedin, no facebook, com o objetivo de angariar dinheiro, com certeza, por incapacidade de obtê-lo através do estudo, como profissional capacitado.

"Com educação militar o Major General Cox inclui o War College EUA Exército, o curso Joint Professional Military Education II, o Comando do Exército e Staff College Geral, a Armas Combinadas Staff School, e o Engenheiro Responsável Básica e Cursos Avançados. Ele tem um Bacharel em Ciências Licenciatura e Mestrado em Ciências, Licenciatura em Pesquisa Operacional e outro Mestrado em Ciências Licenciatura em Estudos Estratégicos".

"Quando Cox e sua esposa, Anna Marie, deixou Fort Hood em 2005, o general de duas estrelas disse que nunca esperado para retornar. Com a maior parte de sua carreira em Fort Bragg, N. C., Cox assumiu que iria se aposentar na Costa Leste. Agora, eles possuem uma casa em Duncanville, perto de Dallas, onde pretende se aposentar um dia."

"O tenente-general Mark A. Milley, comandante do III Corpo e Fort Hood e Maj. Gen. Kendall P. Cox, III Corps vice-comandante geral, agitar as mãos durante uma cerimônia de boas-vindas para Cox e sua família, terça-feira, junho 24, 2014 em Sadowski Field em Fort H Maj. Gen. Kendall P. Cox, III Corps e Fort Hood vice-comandante geral, apresenta a 69ª Destacamento da Polícia Militar com os EUA Forças Armadas Comando Award (FORSCOM) Águia 16 de abril de 2015. sargento. Nicholas Buchanan, 69 MPD planeja NCO aceita o prémio, entregue ao topo militar trabalhando desprendimento cão em FORSCOM. (Foto por Scott Prater)ood".

••

Enviei três fotos contendo o outro nome que não era o seu, a biografia do coronel verdadeiro, da esposa e recebendo troféu. 2709/2016

Finalizei:

Eu querido, não tenho, graças a Deus, uma manchinha sequer, que denigra o meu nome, nem da minha pessoa, nem como profissional, em qualquer parte desse planeta sujo. E peço a Deus que me conserve limpa, sem perder o sorriso.

Ao ouvir no noticiário e jornais duas pessoas da minha cidade que namoravam a homens, se dizendo do exército brasileiro e negado pela corporação e mais três amigas que se correspondiam com pseudomilitares americanos, não verdadeiros, decidi procurar na net. Essa pessoa da foto não é você, e sim do Major General Kendall P. Cox. Quando me tiram do sério eu desarrumo tudo, desconstruo tudo, mudo de caminho. **(Palavras suas tudo que eu preciso de você é o seu amor, sinceridade e veracidade) Como você pede o que não poder dar** Tim R. D? **27/09/2016.**

- Um belo homem, amiga Sofie, esse verdadeiro General, sendo utilizada a foto no twitter, no linkedin, no facebook, com o objetivo de angariar dinheiro, com certeza, por incapacidade de obtê-lo através do estudo, como profissional capacitado. Um malandro, mau caráter, com certeza.

- Sim amiga, Solange, eu encontrei a mesma foto nesses sites de relacionamentos.
- Doeu um pouco esse desfecho, tanto, que o coração se encolheu, o sorriso sujou o olhar, rápido. Não sou de muitos lamentos. Ele afirmava que os bons se encontram com os bons. Foi, apenas, uma tentativa estratégica para eu confiar na SUA BONDADE.
O esperado-inesperado aconteceu, mesmo à intuição me prevenindo que mentira e mau caráter andam de mãos dadas. Mas o carinho das palavras, o contentamento estampando em cada frase, a felicidade do nosso encontro virtual, o respeito mútuo era tão visível. Eu escreveria anos, só pelo prazer de lê algo que

me agradava, o coração ansiava, e o olhar ávido da leitura saboreava com sorriso na face, em cada palavra.

Responder, então, me dava alegria e ansiava por cada chegada do correio eletrônico. Pensei: para que procurar, pesquisar algo que me agrada! Foram 15 cartas agradáveis. Deixa assim até ele se cansar ou decida partir para o bote da grana.

Fiz até poesia.

*Esse Teu Jeito

Esse teu jeito firme
De alcançar meu coração
A palavra bem define
Guardarei com emoção.

Esse feito de querer-me
E os obstáculos vencendo
Derrubou-me fez querer-te
Vassala me envolvendo.

Esse jeito que escrevias
Mesmo na longa distância
Foi torturas e alegrias
Foram momentos de bonanças.

Foi na escrita com jeito
Que o sonho se envolvia
E caiu sem nuvens, sem jeito
Na mesma palavra vazia.

Sofie.

- Ele continuou na face, amiga, Sofie, com fotos, mensagens e tudo mais?

- Não, ele retirou a foto da minha página de mensagens, Amiga Solange, mas as mensagens, ou melhor, as cartas, continuaram. Nós não podemos apagar as mensagens, só o site. Na página da frente, na nossa página, você pensa que exclui, mas não, elas vão para o Feed de notícias, em oculto.

Hoje, 14 de outubro, os textos desapareceram nas minhas mensagens do Facebook com a explicação do site: **Esta mensagem foi removida temporariamente porque a conta do remetente requer verificação.**

Sofie havia confidenciado somente comigo essa aventura virtual, mas ao chegar à sala de fisioterapia, onde tratava do ombro, decidiu comentar com o grupo. Alguns pacientes deram opinião.

A Fisioterapeuta Manu Sales comentou: pode ser que a pessoa realmente apaixonou-se por você, mas talvez seja um homem sem atrativos e decidiu usar a foto de outro homem belo para impressioná-la;

- Juliana, assim com outra foto, ele nunca apareceria, prometeu de até fazer uma viagem pelo mundo, trazer um belo presente à escolha da Sofie;

- A fisioterapeuta Luana Rodrigues, disse: sei não, nada disso, ele é simplesmente um malandro acostumado a enganar mulheres, por algum objetivo.

- Um belo jovem que lá se encontrava: eu não conquistaria uma jovem com a foto de outro homem.

- É porque você já é bonito por natureza, moço;

"É com frequência mais fácil fazer as pessoas acreditarem numa Grande Mentira dita muitas vezes, do que numa pequena verdade dita apenas uma vez. Esta frase foi proferida pelo Ministro da Propaganda Alemã Joseph Goebbels no Terceiro Reich."

Essa história recebeu Diploma Prêmio Internacional Tito Olívio, 2017, pela Associação dos Jornalistas e Escritores do Algarve & Cadernos Santa Maria, por participar de um concurso em Portugal na edição de uma Novela, com o título, "Um amor Criminoso", sendo ganhador com diploma em Menção Honrosa.

Associação dos Jornalistas e Escritores do Algarve & Cadernos Santa Maria

Prémio Internacional Tito Olívio 2017

DIPLOMA

Menção Honrosa

Atribuída a Sonia Nogueira

pela Novela Um Amor Criminoso

Faro (Portugal), 24 de outubro de 2017

O Presidente do Júri

Os cinco homens mais mentirosos do Mundo.

Pesquisando no Google encontrei os cinco homens mais mentirosos do mundo.

Christophe Rocancourt, o Rockefeller francês
Christophe Rocancourt não assassinou ninguém, não é terrorista, nem ladrão de banco, mas já esteve na lista de mais procurados pela polícia americana. Seu crime? Passar a perna em gente da alta roda de Nova York e Los Angeles. Nascido na França em 1967.

Ferdinand Demara foi um impostor que utilizou diversas identidades falsas para aplicar golpes. Ele utilizava os nomes de seus companheiros marinheiros para forjar 'novas vidas' Ele chegou a ser preso por falsidade ideológica por 18 meses.

Marcelo Nascimento da Rocha, o maior golpista brasileiro
No tempo em que serviu o Exército, Marcelo Nascimento da Rocha ou Victor Hugo, Juliano Silva ou Marcelo Ferrari Contti, outra de suas 16 identidades.

Charles Ponzi foi um estelionatário italiano radicado nos Estados Unidos, conhecido por ter elaborado a maior fraude do século XX, estimada em 50 bilhões de dólares.ele usou diversos nomes durante sua vida de trapaças: Carlo Ponzi, Charles Ponei, Charles P. Bianchi e Carl.

Omar Kayan passou a perna até em Jô Soares
Em 2000, uma figuraça apareceu na mídia nacional alegando, aos 99 anos, falar 33 idiomas e 72 dialetos. Omar Kayan dizia ter 107 títulos de doutor e três indicações ao Prêmio Nobel. Um estelionatário de marca maior.

Sofie

CUIDEM-SE **MULHERES, OLHO ABERTO.**

Sonia Nogueira – Graduada em História,
Estudos Sociais, Planejamento Educacional,
Língua Portuguesa e Literatura.

Para orelha do livro

Suspenso por um fio transparente pendendo, entre o amor e o ódio, querendo a chave de si próprio.

O pensamento estava abarrotado de quereres e pensares em explosão contínua. Queria ficar com aquele amor imaginário, real, quase irreal por conta do destino com teias de aranha, atraiu-me de forma inesperada. Nada seguro. Dúvidas e incertezas rondavam a atmosfera.

Durou menos de uma estação primaveril, sem flores, caindo cada pétala, dando início a nova florada. Rumou para outra estação com terreno adubado, estrutura promissora para até que a morte os separe.

Tal qual um relâmpago, empresta claridade, solta imenso grito, aquece a terra ressequida, umedece a telha protetora e volta tranquilo pela missão cumprida.

Sofie saiu. Caminhava na praia, ao morrer do sol, com olhar fixo admirando a beleza do colorido vermelho pálido e amarelo alaranjado. À noite se aproximava por conta do compromisso coma a natureza. Olhou para o dia e disse:

Vai claridade das angústias e desilusões, dos dias turbulentos, do sangue no asfalto, das crianças sem nome, dos portões com grade, da liberdade dos maléficos.

Sofie andou a ermo, caiu na areia, o sono deitou no corpo e mente fatigada. Um vulto alto, belo, sorriso largo, pegou sua mão. Caminharam em silêncio, na escuridão total. Apenas as pernas obedeciam ao comando da mente.

Andaram muito tempo e o silêncio era benéfico para a situação.

Caíram num vazio. Pontos brilhantes enfeitavam o piso parecendo estrelas no firmamento.

Pegue um.

Eu pegar em algo desconhecido? Saí agora de um estranho   inesperado, que me deixou suspensa num fio a ponto de cair.

Ninguém encontra fácil. Tentamos até dar certo.

Então é lutar com a sorte?

Mais ou menos. Entra nesta procura, inteligência, perspicácia, tolerância, criatividade, e sorte, por que não?

E sexo?

O maior dos corruptos, envolve, simula, encanta e foge, sem aviso prévio.

Mas uns são tão felizes, na medida certa, sem nada fazer. Outros a infelicidade gruda como tatuagem.

Se analisarmos com detalhes nossos atos, somos metade culpados.

Procure sua chave.

Ei, não vá, me ajude a procurar.

Você é a dona de suas ações. Encontre-a.

Ficou a ermo, sem luz, sem a mão que fortifica, sem rumo, sem prumo.

Sentiu alguém lamber seu rosto, abriu os olhos. Meu amigo Half! Ah! Nem você é confiável, já me mordeu três vezes. Mas dos piores é o melhor amigo.

Sofie observou o dia. Mais um dia. É esta a chave, mais um dia de vida, e em cada amanhecer o maior e melhor de todos, com aprendizado inteligência, perspicácia, tolerância, criatividade, e sorte, por que não?

Medalha – Prêmio Buriti – Nacional
Menção Honrosa – Mágico de Oz - Internacional.
Sonia Nogueira

*Currículo Profissional e Literário

Dados Pessoais
Nome: Sonia Nogueira
Nacionalidade: Brasileira -
Instrução: Superior

*FORMAÇÃO
- Ensino Primário: Escola profissional Valdemar Falcão, Salesianas, Aracati
- Ensino Ginasial: Escola de 1º Grau Anexo Hermino Barroso, Fortaleza 1980
- Ensino Médio: Instituto de Educação do Ceará, Pedagógico, Fortaleza 1971
- Estudos Adicionais em Ciências, Instituto de Educação do Ceará, Fortaleza 1976
- Licenciatura em Estudos Sociais, UECE - Universidade Estadual do Ceará, 1986
- Licenciatura em História, UECE - Universidade Estadual do Ceará, 1987
- Pós-Graduação em Planejamento Educacional UNIVERSO, Universidade Salgado Filho, RJ - 1995
- Pós-Graduação em Língua Portuguesa e Literatura Universidade das Américas, Faculdade ATENEU 2013 -Fortaleza –CE

- Monografia, Uma Proposta de Avaliação no Ensino Médio de História no Segundo Segmento do Primeiro Grau, Universidade Salgado de Oliveira Filho, UNIVERSAL, RJ 1995;
- Monografia – Cidade de Itaiçaba para ingressar na ALMECE- Academia de Letras dos Municípios de Estado do Ceará, 2011;
- Artigo – Contação de História Infantil nas Escolas – Universidade UNIAMERICAS, 2013;

*CURSOS DE APERFEIÇOAMENTO E SEMINÁRIOS

* Seminário de Estudos Pedagógicos, Fortaleza, 1974;
* III Seminário de Língua e Literatura, Farias Brito, Fortaleza, 1983
* Curso de Atualização, na Área de Estudos Sociais e Comunicação e Expressão, SENAI, Fortaleza, 1976;
*V Encontro de professores Oficiais do Ceará, Fortaleza, 1978;
* Curso de Atualização em Estudos Sociais, Auditório da Escola Doméstica São Rafael Fortaleza 1979;
* VII Encontro de Professores Oficiais do Ceará, Fortaleza, 1980;
* Curso para Secretário de Estabelecimento de Ensino de 1º e 2º Graus Escola Técnica do Comércio do Ceará, Fortaleza 1980;

*Curso: Atualização para Professores de Educação Integrada Nível I e II, FUNEFOR, 1981;
* Telecurso Para Formação de Orientadores de Aprendizagem, Fundação de Tele educação do Ceará -FUNTELCE - 1991;
* Curso: Capacitação de Professores de Alfabetização, FUNDESP, Fortaleza, 1992;
*Reciclagem para Professores de História, FUNDESP - 1996;
* Capacitação para Professores Orientadores de Aprendizagem, IMPARH, 1999;
* VI Fórum de Ética Social e Cidadania, O Sofrimento dos Professores na Sociedade Contemporânea. Instituto Dr. Vandick Ponte, 2009;
* 42 Cursos de Informática Educativa, CRP Centro de Referência do Professor 2004 a 2010;
* Primeira Presidente do Conselho Escolar do Colégio Quintino cunha; 1999
*Diretora e fundadora de uma escola infantil, Instituto Disney, 1992 a 2092
* Projeto de Educação Continuada, O Eu e o Outro, SESC Fortaleza, 2009
* IV Fórum de Deficiência e Acessibilidade, FIEC, Fundação das Indústrias do Do Estado de Ceará, 14 de agosto de 2013;
*Encontro de Mulheres com Deficiência, Mulheres Inteligentes e Belas. Mas diferentes Como as outras. Fortaleza, 14/11/2013;

* EXPERIÊNCIA PROFISSIONAL

- Instituto Disney, colégio infantil – Fortaleza;
- Colégio José de Alencar, 1971, Fortaleza;
- Colégio de 1º Grau Vice-Governador Castelo de Castro, 1992, Fortaleza;
- Escola de 1º Grau Colégio Quintino Cunha, 1973 a 2002, Fortaleza;
- Primeira presidente do Conselho de Classe, Colégio Quintino Cunha; 1999.
-Orientadora Educacional pelo sistema da TV Educativa.
-Faz trabalho voluntário de gravação no Livro Falado para os deficientes visuais do Instituto Dr. Hélio Góis, Instituto dos Cegos.
- Bibliotecária Geral do Instituto de Educação do Ceará; 1971
- Monitora de Português na UECE, Universidade Estadual do Ceará;

*Artista Plástica
- Curso, Oficina de Pintura em Tela, SESC Fortaleza, Prof. Edu Oliveira, 80 h aulas, 2010;
- Exposição coletiva, REMINISCÊNCIAS SESC, Fortaleza Prof. Edu Oliveira, 07/02/11 a 07/03/11;
- Curso, Oficina de Pintura em Tela, SESC Fortaleza, Prof. Edu Oliveira, 80 h aulas, 2011;
- Curso, Oficina de Pintura em Tela, SESC Fortaleza, Prof. Edu Oliveira, 80 h

aulas, 2012;
- Exposição coletiva, ABSTRAÇÂO, SESC Fortaleza, Prof. Edu Oliveira, 12/12/12 a 30/01/2013;
- Membro da Associação dos Artistas Profissionais Plásticos do Ceará, presidente Vavá Azim;
- Exposição coletiva, na VI Mostra de Maio, Coordenador Vavá Azim, CREA-CE 2013; Fortaleza;
- Exposição coletiva, CONEXÕES, Coordenador Vavá Azim, Assembleia Legislativa do Estado do Ceará 08 a 16 de agosto de 2013, Fortaleza;
-Curso em Ouro Preto BH, Histórias e Registros, professores: Alex Boher, Iuri Chacham, 16/01/2014;
- Curso, Oficina de Pintura em Tela SESC Fortaleza, Prof. Edu Oliveira, 80 h aulas, 2014;
-Exposição Coletiva, VII Mostra 8 de maio a 13 de julho, CREA-CE Presidente José Azin Neto, 2014;
- Oficina Baixo Esmalte – com a professora de arte Eliana Tsuru- Blumenau março de 2016;
- Exposição IntegraArte, Integração Cultural Interestadual, na Academia de Letras do Ceará - ACL – Organizadora Socorro Cavalvanti, 15 e 16 de junho de 2016;
- Exposição IntegraArte, Integração Cultural Interestadual, no Salão de Exposição Joseph Boulier – Memorial Cafezal – em Mossoró. - Organizadora Socorro Cavalcanti, 17 e 18 de junho de 2016, Mossoró
- Exposição IntegraArte, Integração Cultural Interestadual, no Shopping Benfica – Organizadora Socorro Cavalcanti, 07 a 25 julho de 2016;
*Curso Básico em Desenho, SENAC, Serviço Nacional de Aprendizagem Comercial- Professora Janaína Ribeiro, 20/08 a 22/10/2016

* LITERATURA

- Resenhas:
- Experimente Mudar, Domingos Pascoal, Recife;
- Romance Clarissa, Um Obscuro Amor, de Rita de Cássia Amorim Andrade, Teresina PI;
-Romance: Devaneios, Delírios e Desamores, Bernivaldo Carneiro; CE;
- Romance: O Quinze. Raquel de Queiroz, no site Rita Amorim, Ritíssima Terezina, PI;
- Novela: Padre Romão Batista e a Família CRAJUBAR, Maria Laudecy Ferreira, CE;
- Resenha: Poesias, Diamantes para Amantes, Eugênia Maria Carrah de Sales, CE;
- Prefácio: Pedras que Encantam o Mundo, Nova Olinda-CE, Maria Laudecy Ferreira, CE;
-Resenha; Nas Entrelinhas, 200 Sonetos, Sonia Maria Nogueira, CE;
- Resenha: Poços dos Desejos, prosa poética, Domingas Alvim RJ;
*- Resenha: Karaíba, Bernivaldo Carneiro, CE

*CURSOS DE APERFEIÇOAMENTO E SEMINÁRIOS LITERÁRIOS

* II Seminário de Língua e Literatura, Organização Farias Brito, 1983, Fortaleza
*Certificado do curso, Panorama Poético da Literatura Cearense – BNB, 2009;
*Oficina de Formação Artística, Crônica; segredos da Criação Literária BNB, 2010;

*Oficina de Instrumentos Musicais, SESC, 2010 (Teclado);
*Oficina, O Fazer Literário, Produção Textual, Educar SESC, 2010;
* II Seminário SESC: Revelando a Literatura Cearense – 2010;
* Seminário, Revelando a Literatura Cearense, SESC, 2010;
* Curso Revelando a Literatura Cearense Infantil, 2011;
* Oficina, O Fazer Literário, SESC, 2011;
* Ciclo de Conferências Literatura e Viagem. Academia Cearense de Letras, 2011

* Palestra na Academia Feminina de Letras, sobre Graciliano Ramos, 03/12/2011;

*Palestra na Academia de Letras e Artes do Ceará, sobre Graciliano Ramos, 2011;

*Ciclo de Conferências Literárias e Viagem, Academia Cearense de Letras

*1º Encontro Cearense de Escritores, Academia Ipuense de Letras, Ciências e Artes, 2012;

*Produção textual no SESC-CE, 2012;

*Minicurso a Palavra Mágica: O Despertar de um Contador de História, SESC 2013;

*Conferência "Portugal e sua História Arquitetônica, UNIFOR 2013;

*Conferencia "Mecenas e Colecionadores" sobre recuperação do patrimônio histórico do Castelo de Versailles, por Catherine Pégard, UNIFOR 2013;

*Ciclo de Conferências Literárias Literatura e outras Artes, Academia Cearense de Letras 2013;

*VI Jornada de Residualidade Literária e Cultural, África, Brasil, Portugal, Universidade Federal do Ceará, 31/10/2013;

*FLAQ, Festa Literária de Aquiraz, Marés Literárias I. Novembro de 2013; X Encontro Interdisciplinar de Estudos Literários e I Simpósio sobre Literatura Cearense, da

Universidade Federal do Ceará (UFC) 10 a 13 de dezembro de 2013 - Prof. Dr. Cid Ottoni Bilaardt;

*Oficina de Criação Literária: "A sedução do Leitor" SESC Fortaleza, escritor Raimundo Correa, maio 2014:

*IV Congresso de Escritores, Poetas e Leitores do Ceará. 30 anos de Chocalho, coordenador Auriberto Cavalcante, 25 a 27 de julho de 2014;

*Currículo Literário

-AFELCE, Academia Feminina de Letras do Ceará, Cadeira N° 18 – Patrona Núbia Brasileiro -12 de fevereiro de 2011;
-ALMECE, Academia de Letras dos Municípios do Estado do Ceará, cadeira N° 35, 17 de setembro de 2011;
-ACAP, Academia Cearense de Artes Plásticas, cadeira N° 31, 20 de dezembro de 2012;
-ALJUG, membro fundadora da Academia de Letras Juvenal Galeno, Cadeira N° 7, 2013
- ALJUG, - 1ª Tesoureira da Academia Juvenal Galeno de Letras do Ceará, 2014;
- UBT, União Brasileira de Trovadores; Fortaleza;
- REBRA, Rede de Escritoras Brasileiras, SP,
- AVSPE, Academia Virtual Sala dos Poetas e Escritores; RJ
- ACE, 1ª Secretária Associação Cearense de Escritores; Fortaleza, 2012 – 2013;
-AFELCE, - Membro do Conselho Fiscal da Academia Feminina de Letras do Ceará, 2012 – 2013;
-AFELCE, - Membro do Conselho Editorial da Academia Feminina de Letras do Ceará, 2014;
AFELCE - Redige o Editorial do Jornal ´Luzeiro" da Academia Feminina de Letras do Ceará;
-AJEB, Sócia Efetiva da Associação de Jornalistas e Escritores do Brasil, 2014;

MEMBRO CORRESPONDENTE

01 *ACLAC, Academia Cabista de Letras, Ciências, Letras e Artes de Cabo Frio, RJ, 2010;
02 *ALAV, Academia de Artes y Letras Valparaíso, (chilena). Membro Correspondente Superintendente Ana Magdalena Astores, Foz do Iguaçu, maio de 2014;
03 *ALAB, Academia de Letras, Artes Buziana, Membro Correspondente, Presidente, José Gonzaga de Souza, Búzios RJ, maio de 2014;
04 *ALMAS, Academia de Letras, Música e Artes de Salvador, Membro Fundador, cadeira N° 77 - Salvador , 9 de agosto de 2014;
05 *CEAE - Círculo de Escritores e Artistas de Espanha, Santiago de Compostela, 10 outubro de 2014;

- Poetas Del mundo;
- Abraço Literário SESC – CE
- Grupo de Criação Literária, SESC –CE
- Grupo, Templo da Poesia;
- Clube do Leitor – BNB – Fortaleza
- Membro do Portal CEN de Portugal
- Gravação de Livro Falado – Sociedade de Assistência aos Cegos, Fortaleza

* Entrevistas:

01 - Rádio Dosvox, RJ, Conversa que Interessa, por Paulo Roberto Cândido Sociedade de Assistência aos Cegos, Fortaleza-CE 2009;

02 - Papo Literário, TV Ceará, por Mônica Silveira, apresentado o livro, "Datas Comemorativas', 2010 CE;

03 - Roda de Leitura, por Nilze Costa e Silva, Espaço Arte e Cultura Templo da Poesia, CE 2010;

04 - Rádio Dosvox, RJ, Conversa que Interessa, por Paulo Roberto Cândido, Sociedade de Assistência aos Cegos, 2011 CE;

05 - Entrevistada, pela Radialista Teca, Rádio Claretiana FM, Rios Claros, SP, pelo primeiro lugar em poesia;

06 - Entrevista para ao O Bom Dia Ceará, TV Verdes Mares, sobre gravação do livro falado na Sociedade de Assistência os Cegos, junho 2011;

07 - Entrevista para o Bom dia Ceará TV Verdes Mares, sobre a gravação do livro Falado na Sociedade de Assistência aos Cegos. 2012;

08 - Entrevista a formanda Cleody Silveira, graduação em Português, sobre a Valorização Cultural da Mulher, Fortaleza, 2013;

09 - Entrevista para TV União, sobre a gravação do livro Falado na Sociedade de Assistência aos Cegos. 2013;

10 - Entrevista a TV Jangadeiro sobre gravação do livro falado na Sociedade de Assistência os Cegos, junho 2013;

11 - Entrevista na FM Dom Bosco 96.1, pela jornalista Ana Paula Farias, Fortaleza, 26/11/2013;

12 - Entrevista ao escritor Paulo de Oliveira Caruso, SP 2014:

13- Papo Literário, TV Ceará, por Mônica Silveira, apresentando o livro "Contação de História Infantil"2015 CE;

13 *Entrevista, Papo Literário, TVC, por Soraya, apresentando os livros: Contação de História Infantil, artigo; Por justa causa, contos; Silêncio que Fala, poemas, a Gatinha Manhosa, infantil; O dilúvio dos Animais, maio 2017;

14 –* Entrevista, bate-papo sobre o lançamento do livro, "Sofie, Um Amor Criminoso", mediação da Janaina de Paula, SESC, 28 de Junho 2018, Fortaleza-CE;

*Publicou dezessete livros,

01 - Poesia Contos e Crônicas, Editora Realce, Fortaleza, 2008.

02 - No Reino de Sininho, infantil, Editora Premius, Fortaleza, 2008;

03 - Datas Comemorativas em Poesias, Editora Premius, Fortaleza, 2010;

04 - A Pequena May, juvenil, Editora Premius, Fortaleza, 2012;

05- Nas Entrelinhas, Sonetos Meus, Editora Premius, 2013, Fortaleza;

06 - Contação de História Infantil, Editora Premius, Fortaleza, 2014;

07– Por Justa Causa, Editora Premius, Fortaleza, 2015;

08 – Silêncio que Fala, poemas consagrados, Artes Gráfica, Fortaleza, 2016;

*09 - Gatinha Manhosa, Editora Premius, Fortaleza, 2017;

* 10 - O Dilúvio doa Animais, Artes gráficas e Comércio, Fortaleza-Ce, 2017;
*11 – Folclore em Prosa e Verso- Edições INESP – Assembleia Legislativa do Estado do Ceará – Fortaleza 2017;
*12 - Sofie – Um – Um Amor Criminoso – Artes gráficas e Comércio, Fortaleca-CE2018;
*13 – Confabulando com a Mente – livreto com frases- edição própria- 2018;
* 14 - Saja não Roubava Livros – infantil – livreto – edição própria – 2019;
*15 – Lua e Sol só Magia – infantil – livreto – edição própria – 2019;
* 16 – A Rata Margarita - infantil – livreto – edição própria – 2019;
* 17 – Um Conto de Fadas - infantil – livreto – edição própria – 2019;

Na janela Azul Contos e Crônicas, com Domingos Pascoal, Eduardo Luiz, Elizabeth Albuquerque e Mônica Silveira, Editora Premius, Fortaleza, 2013;

*Selecionada em 72 Antologias, 34 no Chile, 1 bilíngue Espanhol, 2 em Francês, 1 em Inglês:
01- Antologia Delicatta II- Scortecci Editora, SP 2007
02- Antologia Escritores Brasileiros - BA 2008
03- Poetas Del Mundo em Poesias - Editora GIBIM, MS 2008
04- Prêmio Literário Valdeck Almeida de Jesus - Giz Editoria, BA 2008
05- Poetas em Desassossego, 2009 SP
06- Releitura de Natal - Editora ALL PRINT, SP 2009
07-Ecos Machadiano - Editora Bureal, BA 2009
08- Ecos Castroalvino -, Editora Bureal, BA 2010
09- Segunda Coletânea de Contos e Poemas Usina de Letras, RJ 2010
10- Poetas EM/CENA 4 - Editora Belô Poético, MG 2010
11- Estações da Palavra, Prosa e Verso, ACE - Premius Editora, CE 2010
12- Sonetos Eternos, Ed. Celeiros de Escritores - SP 2010
13- Os 50 Melhores Sonetos - Editora JAC SP 2010
14- Poesias Encantadas – Editora IXTLAN – SP 2010
15- Poetas Del Mundo, A Paz, 1º Congresso Internacional – SC 2011
16- Contos da Meia Noite – Câmara Brasileira de Jovens Escritores, RJ 2011
17 - Antologia de Poetas Brasileiros – Câmara Bras. e Jovens Escritores, RJ 2011
18 – Poesias Encantadas II, Editora Scortecci, 2011
19 – 100 Poemas 100 Poetas – Editora Literacidade, Belém/PA 2012
20 – Antologia da Associação Internacional Poetas Del Mundo – MS 2011
21 – VII Concurso Nacional Poeart, Vozes de Aço - PoeArt Editora RJ 2011
22 – VIII Coletânea da ALMECE, LC Gráfica Editora, CE 2011
23 – Coletânea, Mil Poemas a Pablo Neruda, Chile 2011
24 – O Indiscutível Talento das Escritoras Brasileiras REBRA – SP, 2011
25 – Rio de Janeiro Palavra Maravilhosa –RJ 2011
26 – III Prêmio Litteris de Cultura 1ª fase – RJ 2011

27 –Antologia, Integracion-Integração- Brasil e Espanha, abraceEditora 2011

28 - VII Concurso Nacional PoeArt – Desataque na capa – Volta Redonda RJ,2011

29 – Psiu Poético 25 Anos –Salão Nacional da Poesia – Montes Claros – MG, 2011

30 – Antologia Segundo Pensamento, ACE Premius Editora, CE 2011

31 – Antologia Viagens Poéticas, Expressão Gráfica Editora, CE 2011

32– Poesias Encantadas III, EditoraScortecci, 2012

33 – Antologia, Amor Ontem, Hoje e Sempre, Litteris Editora, 2012 – RJ

34 – L'indiscutable talent dês Écrivaines Brésiliennes, Salon du Luvre de Paris, 2012

35 – IX Coletânea da ALMECE, LC Gráfica Editora CE 2012

36 – Antologia Farol Literário, Literarte, 2012, RJ

37 – II Antologia do Papo Literário, da TV Ceará, 2012

38- Coletânea, Prêmio Buruti, texto "Tela Viva", Editora Alternativa, p. 69, coordenadora Rita Velosa, Américo Brasiliense 2012 SP;

39– Livro Diário do Escritor, Litteris Editora, 2013–

40 – Na Janela Azul, Contos e Crônicas, com cinco escritores, Premius Editora 2013

41 – X Coletânea da ALMECE, Academia de Letras dos Municípios do Estado do

do Ceará – LC Gráfica e Editora, 2013;

42 – Coletânea, Mil Poemas José Martí, cubano, 2013

43 – XIV Antologia Poética Vozes de Aço, Poema, "Janelas da Alma", p. 74, Coordenador Jean Carlos Gomes, 2013, RJ;

44 – Antologia Literária, De Viagem Pela Palavra, p 53, Litteris Editora, 2013 RJ,

45 – Antologia Literária, Literatura Pela Vida e Pela Paz, texto: A Valorização da Vida e da Paz p 53, Litteris Editora, 2013 RJ,

46 - Coletânea, Prêmio Buruti, 2015, texto "Ensino da Literatura Frente ao Mundo Contemporâneo", Editora Alternativa, p. 83, coordenadora Rita Velosa, Américo Brasiliense 2013 SP;

47 – Varal Antológico 4. Texto de apresentação, A Cultura Literária, Edição Selo Varal do Brasil, 2014;

48 – Enciclopédia de Artistas Contemporâneos Lusófonos. Biografias, a Comenda Castro Alves. Editora Literarte, 2014;

49 – Antologia, Mil Poemas a SOR Teresa de Calcutá, Chile, coordenador Alfred Asis. 2014;

50 – Antologia, Fernando Pessoa e Convidados. Texto Suspenso por Fio, p. 181. Mágico de Oz. Empreendimentos Editoriais, Ilha da Madeira Portugal, 2014;

51 – Antologia Pra Frente Brasil, Texto "Hino à Copa 2014" coordenador Oliveira Caruso, RJ 2014;

52 – Revista da Academia de Letras Juvenal Galeno, Voz das Letras, p. 41 a 43, Presidente Eliane Arruda, CE;

53 – Coletânea, Viajando nas Palavras, Textos: Espera, Reconheci um Herói, Palavras que Falam, Metade de Mim,p. 97 a 100, SESC Fortaleza. 2014; Coordenador Marcio Araújo-CE;

54 – Coletânea, Prêmio Buruti, 2014, texto "Cinco Minutos Apenas", p. 128, coordenadora Rita Velosa, Américo Brasiliense SP;

55 – Coletânea, Ceará em Scène, texto "A Mulher e a Literatura", p. coordenadora Diva Pavesi, Paris, Socorro Cavalcanti Ceará. Paris 21 de março, de 2015;

**56 – Coletânea Sarau Brasil, texto "Espera" pag. 207. Editora Vivara, Cabedelo PR. Organização Isaac Almeida Ramos, 2015;

**57 – V Antologia da Academia de Letras dos Municípios do Estado do Ceará – ALMECE. Texto "A Nossa Luz" - pag. 58. Presidente Lima Freitas, Fortaleza, 2015;

**58- Coletânea Literária Internacional Bilíngue Sem Fronteira Pelo Mundo, português inglês, texto "Je suis a Parias" pag. 234, 235, 484, 485. Editora Rede Sem Fronteira, coordenadora Dyandreia Valverde Portugal - Blumenau março de 2016;

**59 – Coletânea, "Amigo de Todas as Horas", texto pag. 28 – Editora Matarazzo, Organizadora Thais Matarazzo - São Paulo 2016.

**60 – Mulheres Notáveis Além do Tempo, Texto "Mãe, Saudade que Nunca Acaba" pag. 52 a 56 – Editora Matarazzo, Organizadora Thais Matarazzo - São Paulo 2016;

**61 – Coletânea Integração Cultural Interestadual, texto "Infidelidade ou Lealdade", pag. 218 a 1220. Fortaleza, Mossoró - Editora Rede Sem Fronteira, coordenadora Dyandreia Portugal, junho de 2016;

**62 - Coletânea, Prêmio Buriti, 2015, texto "Contenha-se Menina", Editora Alternativa, p. 83, coordenadora Rita Velosa, Américo Brasiliense SP;

**63- Coletânea, Homens Notáveis Nossos Pais, Texto, "Reconheci um Herói" pag. – Editora Matarazzo, Organizadora Thais Matarazzo - São Paulo 2016;

**64- –Coletânea, Contos Infanto-Juvenis, Texto, Saja não Roubava Livros" pag. 35– Editora Matarazzo, Organizadora Thais Matarazzo - São Paulo 2016;

** 65 - Coletânea A Arte de ser Mulher, poesia Feminina. Textos: A Arte de Ser Mulher pag. 284, e Na Imensidão pag. 286. Com foto e tela. - Editora Rede Sem Fronteira, coordenadora Dyandreia Portugal, junho de RJ 2016.

** 66 – Coletânea, 15 anos da AFELCE, texto, O que você dirá hoje, a você mesma, se tivesse 15 anos, pág. 54, Organizadora Clara Lêda. Ponto das Cópias, 2017.

** 67 – Antologia Prêmio Buriti, 2016- 1º lugar com a crônica "O Mundo está em Caos", pag. 108 - Organizadora Rita Velosa;

** 68 - VII Coletânea Século XXI 2017, texto poesia "Meu Deserto Meu Chão" pag. 67 primeiro lugar, Poeart Editora, organizador Jean Carlos, RJ;

**69 – Antologia, Mulheres e Letras, um binômio notável, 1º volume – pag. 123 a 132- organizadora Clara Leda Edições INESP, 2017 – Fortaleza_CE

** 70 – Enciclopédia Luso-Espanhola de Grandes Artistas, pag 45 - coordenadora Izabelle Valladares – Ed Mágico de Oz- 2016; SP

** 71- Antologia, "Cartografia da Palavra Livre", texto "Reconheci um Herói", pag 35- organizador Silas Falcão – Editora Premius, 2018 – Fortleza_CE

**72 – Antologia , "Antologia Brasileira Prosa e Poesia", texto "O Poder da Palavra", pag. 41 – coordenadora Sandra Ferrari, Editora Polo Printer, 2018; RJ

Antologias Chilenas - 34

01 - Antología-recopilación "MIL POEMAS A PABLO NERUDA";

02 - Antología-recopilación "MIL POEMAS A CÉSAR VALLEJO" , peruano, 2012, 2013 REEDICIÓN 2017;

03 - Antología-recopilación "MIL POEMAS A MIGUEl HERNÁNDEZ"

REEDICIÓN Cula de España - 35 Países – Setembro de 2012- 2013; 2017;

04 - Antología-recopilación "MIL POEMAS A PABLO NERUDA" espanhol;

05 - Antología-recopilación "MIL POEMAS A JOSÉ MARTÍ"– De Isla Negra a La Isla Cuba – Chiele e Cuba (EN REEDICIÓN)

06 -Antología-recopilación "MIL POEMAS A ÓSCAR ALFARO" Desde Isla Negra a San Lorenzo- Chile e Bolívia, 2013- (REEDITADO, JULIO 2017);

07 - Antología-recopilación "MIL POEMAS A SOR TERESA DE CALCUTA";

08 – Mil Poemas a CHARLES BAUDELAIRE; Paris, boêmio, precursor do simbolismo, fundador da poesia moderna;

09 - Mil poemas a Mil Poemas a GONÇALVES DIAS; Maranhense , 2013;

10 -*Mil poemas AMOR E PAZ ENTRE OS HOMENS, Chile;

11- Antología-recopilación Mil poemas"UN CANTO DE AMOR A GABRIEL GARCÍA MÁRQUEZ";

12 - Antología-recopilación Mil poemas"II SEMILLERO VALLEJIANO"

Antología-recopilación "Los niños poetas de la Escuela Poeta Neruda de Isla Negra y El Totoral" 36 Países;

13 -Antología-recopilación "HOMENAJE A VINICIUS DE MORAES";

14 -Antología-recopilación "HOMENAJE A CÉSAR ALVA LESCANO";

15 -Antología-recopilación "HOMENAJE A LA MUJER DE BOLIVIA";

16 - Antología-recopilación "HOMENAJE A ANA FRANK";

17- Antología-recopilación "Homenaje a FREDERICO GARCÍA LORCA";

18 -Antología-recopilación "GABRIELA MISTRAL DEL VALLE, natural";

19 - Antología-recopilación "Homenaje a MARTIN LUTHER KING";

20 – Antologia - poemas a MIGUEL DE CERVANTES - MIGUEL DE CERVANTES SAAVEDRA, Espanhol;

21 - Antología-recopilación "Homenaje a JOSÉ CARLOS MARIÁTEGUI";

22 - Antología-recopilación "Homenaje a JORGE LUIS PORGES Luis Borges";

23 - Antología-recopilación "Homenaje a VICTOR JARA";

24 - Antología-recopilación "El AGUA DA VIDA";

25 – Antologia - a À PACHACUTEC , nativo peruano inca;

26 – Antologia – POEMA CRIANÇAS NO NATAL;

87 – Antologia - de poemas a DANILO SHÁNCHES LIHÓN;

28 – Antologia - poemas a CIRO ALEGRIA, peruano ;

29 – Antologia - poemas a Luiz Enrique Délano POLI DÉLANO, chileno;

30 – Cor da Pele -

31 – Amor e Semelhança -

32 – Venezuela –

34 – VersAsis Amor

*PRÊMIOS em concursos, diplomas e Certificados

Cinco primeiros lugares, com poemas SP, BA; RJ, MG, UBT-CE Trovas
Dois destaques em capa de antologias, RJ, SP
Dezesseis Menções Honrosas, RJ, SP BA, MG

Troféus:

01*- Troféu, Mulheres Notáveis, Troféu Cecília Meireles, Itabira, Minas Gerais, indicação, Delasnieve Miranda Daspet de Souza - Embaixadora Universal da Paz pelo Cercle Universel des Ambassadeurs de la P* Paix Genebra - Suiça e **Presidente da Associação Internacional** Poetas Del Mundo, – 2012;

02*-Troféu, Carlos Drummond de Andrade, Itabira, Minas Gerais, indicação do Colunista e Promoter Eustáquio Lúcio Félix, sendo convidada especial nos destaques do ano,2012;

03*- Troféu Mulheres Notáveis Categoria Especial, Itabira, Minas Gerais, indicação do Colunista e Promoter Eustáquio Lúcio Félix, 6/04/2013;

04*- Troféu Carlos Drummond de Andrade, Categoria Especial, Itabira, Minas Gerais, indicação do Colunista e Promoter Eustáquio Lúcio Félix, 10/08/2013;

05*- Troféu da Sociedade Europeia de Belas Artes Abrasa e Literarte o prêmio Diamomnds Of Art And Educacion Austrrian, em Viena no Castelo Colbensz Áustria, 2013:

06*- Troféu Pedro Aleixo Personalidades Notáveis Itabira, Minas Gerais, indicação do Colunista e Promoter Eustáquio Lúcio Félix, 19/04/2/14;

07*- Troféu 70 anos da ABD, Associação Brasileira de Desenho e Artes Visuais, Reconhecimento e Mérito da Cultura do País. Presidente Marly Barbara, Pres. Com. Dyandreia Portugal, Búzios RJ, 24 de maio de 2014;

08*- Troféu, Prêmio Excelência Artística do CEMD, Centro de Escritores Moçambicanos na Diáspora, Lisboa 04 de outubro Salvador 2014;

**09 -* Troféu Carlos Drummond de Andrade, Edição Especial Ouro, Itabira, Minas Gerais, indicação do Colunista e Promoter Eustáquio Lúcio Félix, 24/10/2015;

**10° Troféu em Comemoração ao 3° Aniversário do Jornal sem Fronteiras, Categoria Literatura, por mérito e reconhecimento da Cultura do País. Castelo Suíço, Blumenau, 18 de março de 2016. Editora Chefe Dyandreia Portugal;

** 11° Troféu Prêmio Nacional Buriti, 2016, 1° lugar, crônica "O Mundo está em Caos, organizadora Rita Velosa SP; 2017;

** 12 – Troféu Machado de Assis, Minas Gerais, indicação do Colunista e Promoter Eustáquio Lúcio Félix, 26/010/2017;

** 13 – Troféu União Brasileira de Trovadores (UBT-Maranguape primeiro lugar em trovas, tema Família. Presidente Moreira Lopres, 2017; 04/10/2014;

Medalhas:

01ª - Placa em homenagem, pelos alunos da Escola Quintino Cunha, 1998;

02ª - Placa em Homenagem Especial, pela Escola de Quintino Cunha, 1998;

03ª- Medalha e diploma de posse, de Acadêmica Titular, cadeira N° 18, Academia de Letras dos Municípios do Estado do Ceará, AFELC, presidente Argentina Austregésilo. 12/02/2011:

04ª- Medalha Menção Honrosa, poema "Quando o Silêncio Fala" SP, 2010; Academia Jacarehiense de Letras, (Presidente, Geraldo José da Silva);

05ª- Medalha e Diploma Mérito Cultural, Academia Feminina de Letras, presidente Maria Argentina Austregésilo, outubro de 2012;

06ª- Troféu, medalha de prata, poema "Amor Entre Mães e Filhos", coordenador, Comendador Paulo Oliveira Caruzo, junho de 2014, RJ:

07ª- Medalha, 3º lugar, Prêmio Buriti, poema "Cotidian", organizadora Rita Velosa, SP, 2012:

08ª- Medalha e diploma Membo titular cadeira Nº 31, da Academia Cearense de Artes Plásticas, ACAP, presidente, João Alfredo Donas de Sá Pessoa, 20/12/12;

09ª- Medalha e Certificado, 3º lugar VII Concurso Poesiart, poema "Cajueiro" Árvore da Vida, VII Concurso, Coordenador e presidente da ACLAC Rodrigo Poeta RJ 2013:

10ª- Medalha, Prêmio Buriti 2013 "Menção Honrosa Nacional", Crônica "Ensino da Literatura Frente ao Mundo Contemporâneo", coordenadora Rita Velosa, SP 2013; Poesiart:

11ª- Medalha como Membro Acadêmico Correspondente, ALAB Academia de Letras, Artes Buziana, Presidente, José Gonzaga de Souza, maio de 2014;

12ª - Medalha, Círculo de Escritores de Espanha, Santiago de Compostela, 10 outubro de 2014;

** 13ª - Medalha Monteiro Lobato, destaque na literatura brasileira- Angra dos Reis, janeiro de 2016. Organizadora Izabelle Valladares;

**14ª- Medalha, Menção Honrosa Nacional, Prêmio Buriti, conto: "Contenha-se Menina", organizadora Rita Velosa, SP, 2015;

**15ª - Medalha de Honra ao Mérito do Círculo de Escritores da Espanha – organizadora Izabelle Valladares, 2016;

Comendas:

01*- Comenda Castro Alves, 8 séculos de Língua Portuguesa, por Mérito Cultural à Cultura Lusófona Mundial, Foz do Iguaçu. Presidente Izabelle Valladares, maio de 2014;

02*- Comenda Luis Vaz de Camões, 8 Séculos de Língua Portuguesa, pelo Núcleo de Letras e Artes de Lisboa, Presidente Samuel Pimenta, coordenadora Presidente da Literarte Izabelle Valladares, Salvador, 9 de agosto de 2014;

Menção Honrosa:

01*- Menção de Louvor Especial, poemas "Noite Natalina" e "Na Manjedoura" SP, 2009; (Coordenadora Ângela Togeiro);

02*- Menção Honrosa, "O Poeta Um Fingidor"? (Coordenador, Marcelo de Oliveira Souza,

03*- Menção Honrosa, "Anoitecendo' "Tua Poesia é Vida" Poesias Encantadas II, SP 2011; (Coordenador, Luciano Becalete);

04* - Menção Honrosa, "AutoRetrato' e "Ao Entardecer" Poesias Encantadas II, SP 2011; (Coordenador, Luciano Becalete);

05*- Honra ao Mérito, Delegada Cultural de Minas Gerais, pela Delegada Geral,

Léa Lu, DCN Brasil, M/G 2013:

05*- Menção Honrosa no XVI Prêmio Estadual Ideal Clube de Literatura, Texto "Angústia". Coordenadores Carlos Augusto Viana e José Telles, Fortaleza 2014;

07*- Certificado, Menção Honrosa, "O Som das Águas" Poesiassem Fronteiras, BA 2011; (Coordenador, Marcelo de Oliveira Souza);

08*- Menção Honrosa, Certificado, Academia de Letras e Artes de Paranapuã, Poema, "Ao Entardecer - Presidente, Eliane Mariath Dantas, RJ 2011;

09*- Menção Especial, Certificado, Academia de Letras e Artes de Paranapuã, Trova -Presidente, Eliane Mariath Dantas, RJ 2011;

10*-Menção Honrosa, Certificado 3º lugar, Prêmio Buriti- "Tela Viva", organizadora Rita Velosa, SP 2012:

11*- Menção Honrosa, Certificado, no III Concurso Literário Oliveira Caruso, texto "Natal Solidão"p.118, Editora Alterantiva. Coordenadores: Paulo Roberto de Oliveira Caruso e Mônica Line F. de S. Marques. Rio de Janeiro (RJ), de dezembro de 2013;

12*- Menção Honrosa, Voto de Louvor Especial, Jader de Carvalho, poema "Angústia" pelo Ideal Clube de Fortaleza outorgada pelo Presidente da Academia de Letras dos Municípios do Estado do Ceara. Lima Freitas, 21 de junho de 2014;

13*- Menção Honrosa Nacional - Certificado Prêmio Buriti 2013, Crônica "Ensino da Literatura Frente ao Mundo Contemporâneo, coordenadora Rita Velosa, 2013;

** 14 — "Meu Deserto, Meu Chão" poema, nos cinco primeiros lugares com destaque de foto na capa coletânea PoeArt; 2017;

Homenagem

01*- Homenagem de Cleody Virgínia Silveira pela Licenciatura em Português, com o artigo: O Olhar de Sonia Nogueira sobre a Saudade, Universidade Estadual Vale do Acaraú, UVA 29/11/2013;

02*- Catalogo do Prêmio Luso-brasileiro, melhores poetas de 2014, Edição Brasil, Ribeira Brava – Madeira Portugal, Mágico de Oz;

03*- Faixa Acadêmica como membro Correspondente da ALAV, Academia de Artes y Letras Valparaíso, (chilena). Superintendente Ana Magdalena Astores, Foz do Iguaçu, maio de 2014;

04*- Melhores Poetas 2014, Certificado, contribuição para a Cultura Luso-brasileira, durante o ano de 2013. Organizadores: Angela Fiengold, João Pacheco, Vera Novo Fornelos, Foz do Iguaçu, 2014;

Diplomas:

01*- Diploma de Membro Correspondente da Academia Cabista de Letras Artes e Ciências, 2009; (Presidente, Adão Antunes de Castro);

02*- Diploma de Honra ao Mérito, poema "Antagonismo" Academia Machadense de Letras, MG, 2010; (Presidente, Adalto Simoni Pereira);

03*- Diploma da Academia de Letras dos Municípios do Estado do Ceara, Sócia Efetiva

Cadeira Nº 35, Presidente Francisco Lima Freitas:

04*- Diploma, 1ª colocada no VII Concurso PoeArt de Literatura, Soneto 'Ao Som do Piano" destaque na capa. 2011 RJ (Coordenador, Jean Carlos Gomes);

05*- Diploma Honorável Ouro – Academia Ipuense de Letras, Ciências e Artes, CE 2012;

06*- Diploma, Academia Feminina de Letras do Ceará- Reconhecimento pela palestra "-Infância" do Livro de Graciliano Ramos. CE 2011; Presidente Maria Argentina Austregésilo Andrade:

07*- Diploma Mérito Cultural - Academia Feminina de Letras – Presidente Maria Argentina Austregésilo de Andrade – agosto de 2012;

08*- Diploma Membro do Conselho Fiscal do Biênio 2012/2014. Academia Feminina de Letras do Ceará – Presidente Maria Argentina Austregésilo de Andrade; outubro de 2012;

09*- Diploma de Honra ao Mérito Cultural da ACLAC, Academia Cabista de Letras, Artes e Ciências - Cabo Frio, RJ. Projeto ACLAC CONTRA A PEDOFILIA. Presidente Rodrigo Octavio Pereira de Andrade. 2012;

10*- Diploma Associado 100%, da ACE Associação Cearense de Escritores, 2012, Fortaleza-CE, Presidente, Francisco de Assis Clementino Ferreira.

11*- Diploma, Mérito Cultural, Academia Feminina de Letras do Ceará. AFELCE, Presidente, Maria Argentina Austregésilo Andrade, março de2013:

12*- Diploma Honra ao Mérito, Academia Feminina de Letras do Ceará, AFELCE, Presidente Maria Argentina Austregésilo Andrade, maio de 2013;

13*- Diploma, Monção de Aplauso pela Escbras, Rede de Escritores Brasileiros, Presidente Léa Lu, M/G, 2013;

14*- Diploma de Acadêmica Titular cadeira Nº 7 da Academia de Letras Juvenal Galeno, ALJUG, Presidente Eliana Arruda, 28/09/2013;

15* --Diploma Honra ao Mérito da Academia Feminina de Letras do Ceará, AFELCE pelo ativismo neste Silogeu. Presidente Maria Argentina Austregésilo de Andrade, 09/11/2012;

16*- Diploma Mérito Cultural, Academia Feminina de Letras, como integrante do Conselho Editorial da Revista Mulheres e Letras 2. Presidente Maria Argentina Austregésilo Andrade, Fortaleza 23/11/2013;

17*- Diploma Mérito Cultura, integrante do Conselho Fiscal da Revista Mulheres e Letras. Presidente Maria Argentina Austregésilo de Andrade, 23/11/213;

18*- Diploma Honra ao Mérito, Academia Feminina de Letras, por seu ativismo na literatura. Presidente Maria Argentina Austregésilo Andrade, Fortaleza 02/11/2013;

19*- Diploma, Enciclopédia de Artistas Contemporâneos Lusófonos, 8 séculos da Língua Portuguesa, Presidente Izabelle Valladares, Foz do Iguaçu, maio de 2014,

20*- Diploma de Mérito Cultura, Academia de Letras Juvenal Galeno. Presidente Eliane Arruda. Fortaleza -CE, 22/03/2014;

21*- Diploma, Prêmio Excelência Cultural, 70 anos da ADB, Associação Brasileira de Desenho e Artes Visuais, Reconhecimento e Mérito da Cultura do País. Presidente Marly Barbara, Pres. Com. Dyandreia Portugal, Búzios RJ, maio de 2014;

22*- Diploma Honra ao Mérito, Academia Feminina de Letras, por seu ativismo na literatura. Presidente Maria Argentina Austregésilo Andrade, Fortaleza 07/06/2014;

23*Diploma Mérito Cultural, Academia Feminina de Letras, como integrante do Conselho Editorial da Revista Mulheres e Letras 2. Presidente Maria Argentina Austregésilo Andrade, Fortaleza 26/06/2014;

24*- Diploma no II Troféu Amor Entre Mães e Filhos, com a prosa "Quem Será Minha Mãe"? Coordenador Paulo Roberto de Oliveira Caruso, junho de 2014, RJ:

25*- Diploma integrante do Conselho Fiscal para o biênio 2014/2016. Presidente Maria Argentina Austregésilo de Andrade, 06/09/214;

26 *- Diploma como Sócia Efetiva da Associação de Jornalistas e Escritores do Brasil, AJEB, Presidente Nirvanda Medeiros, 15/12/2014;

26*- Diploma da 10ª colocada em trova, União Brasileira de Trovadores Secção Maranguape, Presidente Francisco José Maria Lopes e Academia de Letras Juvenal Galeno, presidente Eliane Arruda, setembro de 2014:

27*- Diploma destaque em trovas União Brasileira de Trovadores Secção Maranguape, Presidente Francisco José Maria Lopes e Academia de Letras Juvenal Galeno, presidente Eliane Arruda, setembro de 2014:

28 - Diploma Menção Poema Natureza, União Brasileira de Trovadores Secção Maranguape, Presidente Francisco José Maria Lopes e Academia de Letras Juvenal Galeno, presidente Eliane Arruda, setembro de 2014:

**29 - Diploma Honra ao Mérito, pela Academia de Letras Juvenal Galeno, presidente Eliane Arruda, julho 2015, Dia do Escritor.

**30 – Diploma Escritor Brasileiro, Escbras, Contagem M/G, 24 de agosto de 2015. Presidente Léa Lu;

**31 – Diploma, Delegada Cultural, Escbras, Contagem M/G, 24 de agosto de 2015. Presidente Léa Lu;

** 32 – Diploma Voto de Louvor Especial, pelo lançamento do Livro de Contos "Por Justa Causa". Academia de Letras dos Municípios do Estado do Ceará. Presidente Lima Freiras,2015;

**33 - Diploma Menção Honrosa, em trovas, União Brasileira de Trovadores Secção Maranguape, Presidente Francisco José Maria Lopes e Academia de Letras Juvenal Galeno, presidente Eliane Arruda, setembro outubro 2015;

**34 - Diploma de Mérito Literário pelo lançamento do oitavo livro, "Por Justa Causa" pela Academia Feminina de Letras do Ceará. Presidente Clara Leda, 2016;

**35 - Diploma Honra ao Mérito pela Academia Feminina de Letras do Ceará-AFELCE por seu ativismo na literatura neste Silogeu. Presidente Clara leda - 07/02/2015

**36 – Diploma Voto de Louvor pela Academia dos Municípios do Estado do Ceará pela sua contribuição à Educação e a Cultura. Presidente Lima Freitas- 20 de fevereiro de 2016;

**37– Diploma Voto de Louvor pela Academia dos Municípios do Estado do Ceará por sua participação no Projeto Interestadual (Integração) Presidente em exercício, Vicente Alencar - 15 de junho de 2016;

**38 - Diploma Mérito Cultural, ESCBRAS, Escritores Brasileiros - Presidente Léa Lu, Contagem MG, agosto de 2016;

**39 - Diploma Mérito Cultural, pelo lançamento dos livros Gatinha Mimosa e O

Dilúvio dos Animais. Academia Feminina de Letras do Ceará, AFELCE - Presidente Clara Leda, 2017

**40 – Diploma pela valiosa colaboração, da Academia Feminina de Letras, AFELCE, Presidente Clara Lêda, junho 2017;

**41 – Diploma Mérito Cultural pela AMELCE, Academia dos Municípios do Estado do Ceará pelo lançamento dos livros infantis: A Gatinha Mimosa, O Dilúvio dos Animais, No Reino de Sininho, na XII Bienal Internacional do Livro, Fortaleza – CE, 20 de maio de 2017;

**42 - Diploma Prêmio Internacional Tito Olívio, 2017, pela Associação dos Jornalistas e Escritores do Algarve & Cadernos Santa Maria, por participar de um concurso em Portugal pela edição de uma Novela, "Um amor Criminoso", sendo Menção Honrosa;

**43 – Diploma - Academia de Letras, dos Municípios do Estado do Ceará – ALMECE, pela participação na Antologia Internacional da Lógos- Presidente|, Vicente Alencar – março 2018;

**44 - Diploma - Academia de Letras dos Municípios do Estado do Ceará – ALMECE,

Suplente do Conselho Fiscal, biênio junho de 2018 a junho de 20120 – presidente Nicodemos Napoleão- 2018;

45 - Diploma Menção Especial, em trovas, tema Educação - União Brasileira de Trovadores Secção Maranguape, Presidente Francisco José Maria Lopes – 2018;

46 – Diploma, Categoria Bronze, por frequência na Academia dos Municípios do Estado do Ceará, Presidente Nicodemos Napoleão, Fortaleza 2019;

Cerificados:

01*- 1º lugar, Certificado no Concurso Poesiarte, poema "O Eterno" RJ; (Coordenador, Rodrigo Poeta) 2009;

02*- 1º lugar, poema "Olhando O Mar", Rádio Claretiana FM, Rios Claros, SP 2009, (Entrevistada pela Radialista Teca);

03*- Certificado, 6º Concurso Belô Poético Produções Artísticas e Culturais, MG, 2010; (Coordenador, Rogério Salgado); Bahia, 2010;

04-*Certificado, destaque na capa, Poesias Encantadas I" "A Natureza" e "O Infinito" SP, (Coordenador, Luciano Becalete); 2010;

05*- Certificado, 7º Concurso, MG, 2011; (Coordenador, Rogério Salgado);

06*- Certificado Varal Literário, Varal do Brasil – Europa (Coordenadora Jacqueline Bulos Aisenman);

07* - Certificado II Prêmio Araucária de Literatura – SP (Coordenador Benilson);

08*- Certificado no Concurso "Rio de Janeiro Palavra Maravilhosa", Litteris Editora;

09*- Certificado de Reconhecimento do Colégio Quintino Cunha- 2011 Fortaleza (Diretora Elziene Ferrer de Almeida);

10*- Certificado de participação III Prêmio Litteris de Cultura. RJ 2011;

11*- Certificado de Participação, 1º encontro Cearense de Escritores na Academia Ipuense de Letras, Ciências e Artes, CE 2012 – (13,14,15 de janeiro);

12*- Certificado de 3° lugar, concurso Poesias sem Fronteiras, Poesia "Dilema", BA 2012; (Coordenador, Marcelo de Oliveira Souza);

13* - Certificado, participação no concurso Literatura "Pela Vida e Pela Paz", 2012, RJ

14*- Certificado do Solar Poético, distinção por um poema, 2012;

15 - Certificado Prêmio Buriti, Menção Honrosa, conto "Tela Viva" organizadora Rita Velosa, SP 2012;

16 - Certificado Prêmio Buriti, Menção Honrosa, crônica "O Ensino da Literatura Frente ao Mundo Contemporâneo", organizadora Rita Velosa, SP 2013;

17*- Certificado Associado 100%, Associação Cearense de Escritores pela frequência. Presidente Francisco, de Assis Clementino Ferreira – Tizim. Fortaleza 14/12/2013;

18*- Certificado, Acadêmica Correspondente da ALAV, Academia de Artes y Letras Valparaíso, (chilena). Superintendente Ana Magdalena Astores, Foz do Iguaçu, maio de 2014;

19*- Certificado de participação III SACI pela ALAB, Academia de Letras e Artes Buziana, Presidente José Gonzaga de Souza, maio de 2014;

20*- Certificado do curso de Literatura Cearense: História Criada é História Contada. O Povo Cultura e Arte Fundação Demócrito Rocha. Professor Rodrigo, de Albuquerque Marques, 30 de abril de 2014;

21*- Certificado de Membro Acadêmico Correspondente, ALAB Academia de Letras, Artes Buziana, Presidente, José Gonzaga de Souza, maio de 2014;

22*- Certificado, VII Mostra 08 de Maio a 13 de julho do Artista Plástico, CREA-CE, Presidente Osvaldo José Azin Neto, 2014;

23*- Certificado no II Troféu Amor Entre Mães e Filhos, com o poema "À Minha Mãe"? Coordenador Paulo Roberto de Oliveira Caruso, junho de 2014, RJ:

24 *- Certificado IV Congresso de Escritores, Poetas e Leitores do Ceará. 30 anos de Chocalho, coordenador Auriberto Cavalcante, 25 a 27 de julho de 2014;

25*- Certificado como membro fundador da Academia de Letras, Músicas e Artes de Salvador, ALMAS, 8 de agosto de 2014;

*- Certificado de participação III SACI pela ALAB, Academia de Letras e Artes Buziana, Presidente José Gonzaga de Souza, maio de 2014;

28*-Certificado, Projeto Município em Evidência, cidade de Itaiçaba, autores: Linda Lemos, Bernivaldo Carneiro, Rosa Virgínia. Presidente Lima Freitas, 18/04/2015, CE;

29** - Certificado Prêmio Buriti, Menção Honrosa, conto **"Contenha-se Menina"** organizadora Rita Velosa, SP 2015;

30 - *Certificado, Oficina Caminho Criativo do Conto, ministrado pela jornalista Mônica Silveira;

** 31 – Certificado de Doação de oito obras a Biblioteca Municipal Dr. Fritz Müller, por meio da Fundação Cultural de Blumenau. Presidente Sylvio Zimmermann Neto - Blumenau 18 de março de 2016;

**32 – Certificado pela participação na Coletânea Literária Internacional Bilíngue, português inglês, Sem Fronteira Pelo Mundo, Editora Rede Sem Fronteiras, coordenadora Dyandreia Valverde Portugal- Blumenau 19 de março de 2016;

**33 – Certificado de participação no Sarau Literário Sem Fronteiras, poema "Fortaleza" Editora Geral Dyandreia Valverde Portugal- Blumenau 19 de maço de 2016;

**33- Certificado de participação na Coletânea Integração Cultural Interestadual, Editora Rede sem Fronteiras, Coordenadora Dyandreia Portugal, Idealizadora Socorro Cavalcanti, Fortaleza-Mossoró, 15 de junho de 2016;

**35 - Certificado, Apresentação de Poesia Feminina, "Mossoró", pela União Brasileira de Escritores, UBE - coordenadora Juçara Regina Viégas Valverde, Mossoró junho de 2016.

**36 - Certificado, Curso Básico em Desenho, SENAC, Serviço Nacional de Aprendizagem Comercial- Professora Janaína Ribeiro, 20/08 a 22/10/2016;

**37 - Certificado Prêmio Buriti, primeiro lugar crônica "O Mundo está em Caos", organizadora Rita Velosa, SP 2016;

**38 - Certificado, Menção Especial, conto, "Uma Graça Senhor", VI Concurso Literário Oliveira Caruso - Rio de Janeiro 2017;

**39 - Certificado- Menção Honrosa XVI Prêmio Ideal Clube de Literatura- 2013 Texto Inédito, "Angústia" Diretor de Cultura e Arte, José Teles - Fortaleza –CE 2014;

**40 – Certificado, 1º lugar na VII Seletiva Nacional de Poesia 2017, poema "Meu Deserto Meu Chão", PoeArt Editora, Volta Redonda RJ – Coordenador Jean Carlos Gomes.

**41 – Certificado de participação – Círculo de Escritores e Artistas de España como membro corresponsal. Coa intención de agregar novos valores, fortalecer o intercâmbio cultural e enaltecer as artes de forma geral. – Organizadora Izabelle Valladares, outubro de 2016;

**42 – Cerificado por participar do XVII Concurso Nacional PoeArt de Literatura 2017 – poema "Espumas Flutuantes", pág. 81 - 1ª Edição Gráfica Drummond Volta Redonda RJ – organizador Jean Carlos Gomes;

**43 – Certificado de Honra ao Mérito pela participação no Seminário Literário, apresentei o livro, A Alma Encantada das Ruas, do escritor João do Rio, na Criação Literária, facilitador, Professor Márcio Araújo, dezembro de 2017;

**44 – Certificado de participação na Antologia Brasileira Prosa e Poesia, com louvor, pag __ conto "O Poder da Palavra", Editora Sol, coordenadora Sandra Ferrari, 2017/2018- RJ;

45 – Certificado de honra por participar do PROJETOS DIÁLOGOS LITERÁRIOS, na ALJUG, Academia de Letras Juvenal Galeno, Presidente Lima Lemos, 2019 Fortaleza-CE

* Colabora com jornal e revistas:

- O Mensageiro de São Gerardo; CE
- O Jornal do Leitor, Jornal O Povo; CE
- FormAção Literária da ACE; Ce
- Artpoeisa, Poesia Cultural, BA
- Revista Varal do Brasil Genève Suisse
- Varal do Luna e Amigos

- Minirrevista Literária –RJ
- Jornal ACADEMUS da ALMECE
- Revista Acadêmica da ALMECE
- Revista Mulheres e Letras. AFELCE
- Jornal da AFELCE
- Jornal da ALJUG
- Jornal O Estado de Mato Grosso do Sul

*Publica seus textos em redes virtuais:
- Recanto das Letras, atualmente, 26/10/2013 – 111.581 leituras

- Luso Poemas, Portugal, atualmente 26/10/2013 – 745.600 leituras

- Quatro blogs: Poemas, infantil, história infantil

- Blog da Academia Feminina de Letras do Ceará, AFELCE

-Blog da Academia de Letras dos Municípios do Estado do Ceará

- Blog da Academia de Letras Juvenal Galeno

- Portal CEN, Portugal

- Cá Estamos Nós, Portugal

- Site de Poesias,

- REBRA, Rede Brasileira de Escritores,

-Escbras, Rede de Escritoras Brasileiras

- AVSPE, site da Academia Virtual Sala dos Poetas e Escritores RJ

- ACLAC, site da Academia Cabista de Letras Ciências e Artes, RJ

- Revista, Varal do Brasil, virtual, Genève Suisse

- Revista, Varal do Luna e Amigos, virtual

- Bar do Escritor

-Revista ACLAC, Ebook

- Ciranda da Candy Saad E-book

- Ciranda da Cyda Valladeres

- Ciranda da Clara Costa

- Face book, Youtube, Orkut

- Antologia virtual "Logos" da Fênix

**-E-book da Rosimeire Mota

Printed by Books on Demand GmbH, Norderstedt / Germany